商业头脑的
10大思维习惯

（英）安迪·吉布森◎著　熊阳◎译

化学工业出版社
·北京·

图书在版编目（CIP）数据

商业头脑的10大思维习惯 /（英）安迪・吉布森（Andy Gibson）著；熊阳译．— 北京：化学工业出版社，2017.07
书名原文：A Mind for Business
ISBN 978-7-122-29660-3

Ⅰ．①商… Ⅱ．①安… ②熊… Ⅲ．①商业心理学 Ⅳ．①F713.55

中国版本图书馆CIP数据核字（2017）第093895号

北京市版权局著作权合同登记号：01-2017-1946

责任编辑：张焕强　　　　策　　划：上海慧志文化（www.witsbooks.com）
封面设计：李尹书装

出版发行：化学工业出版社（北京市东城区青年湖南街13号 邮政编码100011）
印　　装：北京画中画印刷有限公司
710mm×1000mm 1/16 印张16¼ 字数140千字 2017年7月北京第1版第1次印刷

购书咨询：010-64518888（传真：010-64519715）　售后服务：010-64518899
网　　址：http://www.cip.com.cn
凡购买本书，如有缺损质量问题，本社销售中心负责调换。

定　　价：49.80元

感谢思维苹果公司的所有耕耘者，尤其是乔——启迪了我这场思想之旅，
感谢父母的支持，以及埃丝特、鲁塔一路的陪伴。

A MIND
FOR BUSINESS

致谢

思维苹果公司的培训项目及这本书让我只想将感谢送给多年来帮助公司发展的所有朋友们，尤其是我敬爱的同事鲁塔・马辛库尔兹和以斯帖・金。

鲁塔的研究成果、个人见解及对真理不妥协的追求让我能将这本书超水平完成，发挥出比自己单独完成更高的价值。而我和以斯帖则一起创办了思维苹果公司，并且时至今日仍能就公司的运作方面交换彼此的意见。

当然，我也要感谢约翰・阿特力、娜塔莉・班纳博士、德维恩・巴拉卡、罗杰・埃德蒙、亚力克斯・弗拉德拉、乔恩・劳埃德、山姆・斯佩丁博士和科林・泰特给我提供关于本书结构和内容的反馈。也感谢娜塔莉・纳海和苔丝・布里顿对于公司培训项目的早期发展所做出的贡献。对丹尼尔・弗里曼博士、马尔科姆・格拉德威尔、乔纳森・海特教授、丹尼尔・卡尼曼、丹尼尔・平克及公司其他所有员工，包括英国皇家艺术、制造和商业促进会的发言人表达间接的感谢，他们都启迪了我，甚至出乎他们自己的意料。

最后，还得感谢格洛丽亚・埃尔斯、苏菲・波斯威尔、科林・泰特、玛丽亚・戈加和塞塔・帕特尔在我写这本书时所给予的照顾。也感谢我亲爱的朋友乔・沃斯力，他是第一个对我提出“思维将人类与动物区别开，那么关于我们思维如何运作为什么被教育得如此之少呢？”的人。

这本书以思维苹果公司的培训项目“你的思维：即用户的指南”为基础，由安迪・吉布森、鲁塔・马辛库尔兹、以斯帖・金、亚力克斯・弗拉德拉博士、山姆・斯佩丁博士及欧文・泽所发展。

前言

现代企业的基本单位既不是美元、日元，也不是英镑、欧元，而是人本身。

人们购买你公司所生产的商品，传递公司所提供的服务，管理公司的项目和负责你的钱财；他们是你的顾客、同事、朋友以及合伙人。大多数企业在人力资源上的投资远远超过其他任何方面。人与企业息息相关，也属于企业经营的范畴。

或者，更确切来说，是人的思维属于企业经营的范畴。在知识经济体系中，任何企业的经营状况表现都取决于员工的思维表现层次。我们的工作也更趋近于分析化而非机械化，它利用更多的脑力，并且依赖人类与日俱增的创造力来提升竞争力。思维是我们最大的财富，也是体现人类生产力的关键单位。

然而，令人惊讶的是，大多数企业似乎都对思维所知甚少。从基础教育到进入大学，我们几乎不学关于思维的任何知识；参加工作后，也很少谈论涉及思维的话题。因此，我们就不得不依赖于个人经验和民间心理学知识来指导自己的思维。然而，这不仅对我们自身发展不利，对企业的运作也会产生不良影响。

神经科学和心理学的进步给我们带来了福音。这就意味着，在思维运作的基本原理以及进一步改善方面，人类有史以来第一次取得了某种程度的一致性。尽管这方面的科学研究还相对稚嫩，而且不间断地充斥着紧张的争讨声，但我们仍然可以总结出关于如何工作及如何更好地工作的一些结论。

本书就是旨在研究人们如何去工作的。

正如思维苹果公司培训项目以本书为理论依据一样，本书在神经科学和心理学方面分享的实用见解能帮助个人更成功、更持久地工作。本书以现代企业所需的关键能力为框架。因此，无论是提高员工敬业度、给同事以支持，还是降低压力水平或提出新的观点，都可以在书中找到答案。

本书并不能用来当作一本规则手册，也不是用来颠覆你固有的观察和判断。人类的思维过于复杂，不会屈从于所谓万全的解决方案，而且也不存在两种完全相同的思维，因此书中呈现的解决方案必然符合一般情况。本书倾向于开启一种对思维更具洞察力的询问方法，将一些经过试验验证的见解应用到商业实践中。并且，这也会让我们对如何工作做出更精确和更敏锐的观察。

我们不需要为了适应工作而改变想法，只需要改变相应的工作方式来让自己更好地适应。我们越能意识到思维如何工作及需要如何来发展，就越能对行动中所做出的选择了然于胸，在工作中就会表现得更好。

如果我们对思维探究进一步深入，并能应用相关的知识来改进自身工作方式和重新规划企业，那么一切都会变得更好。充分利用和发展员工的心理资源，并让他们每个人都有机会学习成长，就有机会营造出能最大限度发挥员工思维能力的工作环境。

本书知识体系完善，所举案例罗列清晰。现在，就由你来把其中的相关研究结论付诸实践。这可以让你更聪慧地工作，构建更好的企业，甚至能让你在这种探索的过程中享受乐趣。

A MIND
FOR BUSINESS

简述

是否感觉想法太多、杂乱不堪？接下来陈述的东西能够帮你找到答案……

短评版

在商业中要取得成功，你需要留给自己思考的时间，保持所拥有的心理资源，并且营造出让思维活跃的环境。

摘要版

在知识经济体系中，企业的成功几乎都依赖于员工的思维。然而，大多数企业管理者对员工思维培训所投入的精力却远远少于他们在阅览文件上所花费的。

现代神经科学和心理学已经为我们的思维和企业管理创造了一种更好的模式，这种模式的原则很简单：维持心理能量水平，避开不必要的任务和思维过程中的干扰，管理好人际关系和情感动力，开发员工的技能，挖掘员工的热情，营造一个多样、灵活和更具有开放性的工作文化环境。

进步型企业会更进一步地发展这个阶段，他们能利用这个模式来关照到工作的方方面面，从应对企业客户到发展员工的个人才能。企业成功的关键是把照顾好员工的思维当成一种习惯。要知道，这种习惯既能提高员工的生活质量，也会带来商业的成功。

A MIND
FOR BUSINESS

目录

01 供养思维

你的大脑是你拥有的最为复杂的工具。和其他任何工具一样，它需要细心护理，以达到最佳状态。然而，大脑不像其他工具那样简单，照顾好这个特殊的工具需要花费更多的精力。

当你晚上离开办公室径直回家的时候，可以放下大多数与你工作相关的事务，包括文件、会议、同事和通讯录。只有一样东西你无法放下——大脑。相反，你会让它一直运作，检查信息或是思考各种问题，不仅仅思考今天的，甚至是明天的、后天的、大后天的。

然而，如果大脑缺少适当的照顾和关注，一旦疲劳入侵，你的工作和生活都将受到影响，开始走下坡路。有可能只摔个跟头，也有可能一蹶不振，总之，你不在最佳状态。

所以，想在工作中获得成功，你需要知道大脑的工作方式以及照顾它的方法——不管是在工作中还是在生活中。

A Mind For Business

改变思维

显而易见，大脑需要照顾和关注。

无论生活和工作的目标是什么，你都需要用到大脑。这也解释了为什么在由慈善机构和思维苹果公司做的一项调查中，84% 的人都认为他们的心理健康和生理健康一样重要。

然而我们对大脑的照顾却少得出奇。尽管口头上说心理健康很重要，但 56% 的受访者表示他们之前从未想过这个问题。尽管已经意识到大脑的重要性，但是把这变成积极的行动看起来却并非易事。

难点之一便是，人们已经把心理健康这个词和疾病联系起来。当被问及听到心理健康这个词首先想到的是什么时，人们会说沮丧、疾病、疯子或者崩溃；而被问及身体健康这个词时，他们会说运动馆、健身、健康饮食和每日五蔬果。

与身体健康是一件值得骄傲的事相比，心理健康似乎让人讳莫如深，仅限于相关病人且被当作职场敏感话题。谈论心理健康跟谈论有病差不多。这种偏见的影响比想象中还要大得多。没有正面形象可以向其靠拢，我们只有被迫采取行动。也许这就是为什么有 72% 的受访者认为，心理健康问题被社会公开讨论得还不够。

另一个问题是，我们集体忽视了大脑的存在。当还是孩子的时候，大多数人都经历过生理健康教育的狂轰滥炸，牙齿上长蛀虫、手上有细菌、食物里盐太多……然而这其中几乎没有关于大脑的教育。我们不知道它是什么概念，也不知道怎样才算正常。

结果是，我们感受到朦胧的、神秘的以及无法掌控的东西。但是我们回避这种感觉，忽视大脑的存在，转而专注于更简单的事情，例如腰围，又或者糖分摄入量。而一旦大脑出了问题，我们就把希望寄托在专家身上。

然而，人类对大脑的研究却越来越感兴趣。从层出不穷的有关大脑扫描的媒体报道，到涉及心理学“背后秘密”的书籍中都可以看出，人们对神经科学和心理学的兴趣在提高。事实上，我们的调查者中 52% 的人表示想了解更多关于如何照顾思维的信息。引导人们更多地去思考关于他们的思维健康，是在打开一扇新的大门。

是时候改变了。照顾好大脑是成功生活的必要部分，而我们的思维或多或少会存在问题。如果可以通过刷牙或者每天吃一个苹果来照顾身体，那么，我们又应该怎样照顾大脑呢？

遇见思维

让我们一起来看一下这个被称为思维的事物是什么，以及如何让它保持好的运转状态。

提到思维，我们通常想到的是大脑。现代神经学家已经揭示了发生在人类大脑中的一系列活动。虽然已经知道很多关于大脑的构造方式以及它的运作原理，但对大脑中到底发生了什么我们却知之甚少。

人类的进化在很大程度上是一部大脑发展史。人之所以傲视于食物链顶端，不是因为比其他生物长得更健壮，而是进化出了比它们更大的大脑。事实上，人类的大脑非常之大，以至于严格来说，刚出生的婴儿都是早产儿，因为大脑在子宫外还在继续生长。

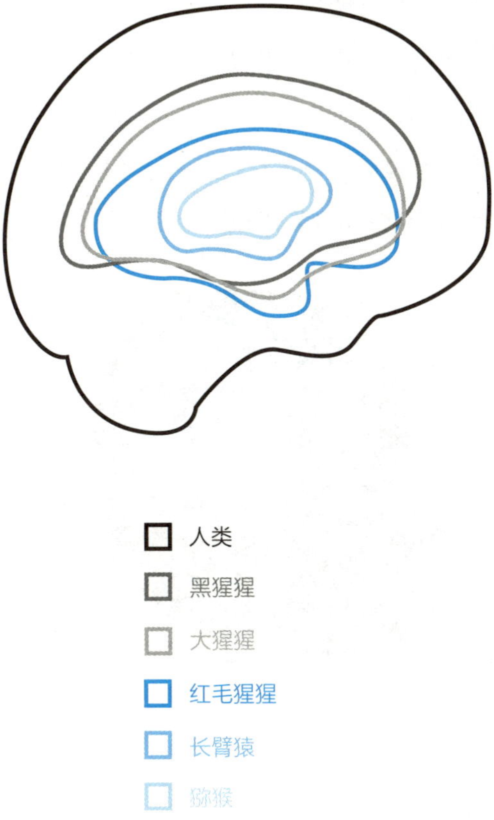

1960 年，保罗・麦克伦将大脑区域分为了三个明显的演化阶段。所有的这些部分都紧密连接，而且为我们提供了一条探索大脑功能结构的有效方法。

首先是最原始的处理最基本功能的部分，即维持生命的原始系统。甚至蜥蜴也有相似的系统。所以，它有时也被称为“蜥蜴大脑”。

其次是边缘系统或“哺乳动物大脑”，显然，哺乳动物具有这种大脑，它能处理情绪回应和身体温度。

最后是包裹所有部分的大脑皮质，它是人类所独有的，体积巨大，它给予大脑抽象思维和计划的独特能力。

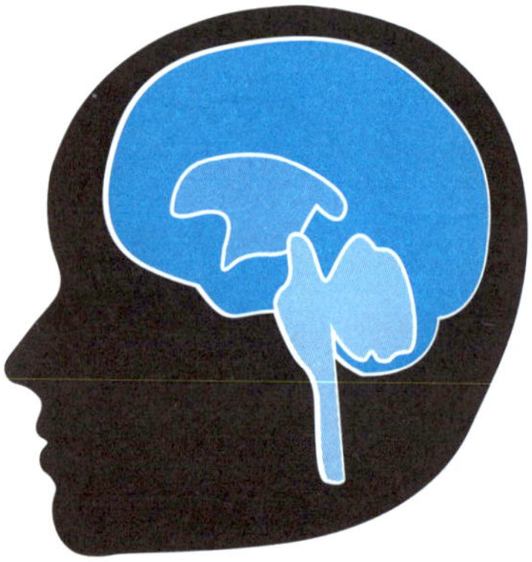

原始

生命机能（血压、心率、呼吸、饥饿和消化）

睡觉和走路

唤醒和警觉

情绪

情绪反应（喜悦、悲伤和厌恶）

冒险和挑战

身体温度

喜悦、奖励和动力

智能

抽象思维

意志力和抑制力

规划和组织

观点和想象力

语言和学习

解决问题和分析

虽然这些部分反映了不同的进化结果，但事实上它们并不互相独立，而是紧密联系的。随着神经脉冲在各个部分间来回穿梭，每个部分都参与了思维和情感的过程。

除了大脑，原始系统还贯穿身体。我们的消化系统和心脏拥有超过五亿的神经元。事实上，人类的整个身体就是一个复杂而完整的神经系统。

举个例子：如果你饿了——一种原始本能——你可能产生吃蛋糕的冲动，因为你把蛋糕和饱足感联系了起来；然后你的理智面会介入，提醒你吃蛋糕会发胖而你应该坚持节食；这种意识反过来会再提醒你，你很担心长胖，这又是另一种情绪反应；但你的原始系统仍然渴望吃东西，而且你的情感层面并未得到满足，所以你觉得自己需要奖励——这种想法会在理智思考后转化为稍后去健身房的决定。

所以，这个推动你去吃蛋糕的原始冲动或许并非来自于大脑，而是更深层次的复杂的神经系统，即思维的基础。人类大部分的思维动力不是源于认知过程，而是来源于支撑起认知过程的本能和自动系统的复杂集合。

这就是人类思维如此复杂的原因。我们的神经系统融合了一系列不同的结构和过程，而思维就是这些的集合。

处理能力

思维远远不止意识思维那么简单，它的运行也不仅仅依赖于大脑。我们的思维是一套复杂、互联的系统，其中每一个部分离开其他部分都无法单独运行。所以，如果你以为供养思维就是玩玩填字游戏或思考数学问题，那就需要换个思路了。

思维的真正力量在于那些你没有意识到的思维过程——潜意识。潜意识的关键在于它能够同时处理多个任务。当你的注意力有意识地被一项特定任务占据时，实际上潜意识正在维持其他任务的有序运行。

心跳、呼吸节奏和生物钟、记忆、联系、待办事项提醒等自主过程——这些由潜意识统统搞定，以便你可以思考更重要的事情。而思考大部分都属于有意识的行为。

因此，想在工作中获得成功，你需要照顾你的潜意识。

大象和骑手

心理学家乔纳森·海特用一个比喻形象地描述了人们对潜意识的依赖。佛陀把思维和野象联系起来，由此得到启发，他将思维描述为“大象和骑手”——人性与兽性的结合。

我们愿意把自己想象成有意识的骑手，谋篇布局、运筹帷幄；但同时我们也是大象——思维依赖的潜意识过程。

大象比骑手更强大、更有力量。与一辆汽车和一台电脑不同，我们无法对潜意识编程，也无法使它对我们唯命是从。它有自己的需求和本能。如果大象想要蛋糕，它往往会得到蛋糕。

和你的“大象”保持良好关系是保证思维健康和高效的关键。

什么影响着思维

为了更好地照顾思维——不仅仅是理智的人性方面，也包括原始的、情绪化的“大象”——我们需要搞清楚是什么在影响它。那么，究竟是什么在影响着我们的感受和思维表现呢？

思维可能比想象中的更加敏感。在生活中我们并不会察觉身边的所有事情，而潜意识“大象”却把一切都看在眼里：声音、感觉，并有选择地向意识思维输送信息。

这意味着思维随时随地都受到环境的影响，然而我们可能只对其中的一小部分有所察觉。它们影响着我们的判断力、情绪、人际关系，甚至寿命。

通过加深对思维影响的理解，我们可以开始分辨影响自身健康的有利或不利因素，并对之加以管理。

噪声和干扰

所有形式的干扰都可能对思维产生不利影响。影响思维的干扰之一便是噪声。吵闹的噪声，尤其是间接性噪声，可能扰乱注意力，使我们在精神上饱受折磨。

但是噪声并非毫无用处，而且每个人的敏感度也有所不同。一些人在某种背景噪声或音乐下工作最有效率，另一些则需要在完全安静的环境下才能集中注意力。不同的环境噪声水平可能适合于不同种类的工作。例如，开展创意性工作的最佳噪声环境可能是一家咖啡馆。

控制噪声水平的能力是关键：通常，你无法控制的噪声更能扰乱你。

光线

光线不仅令人愉悦，还对我们有更实质性的帮助。白天接触自然光线可以让我们在夜晚睡得更香，还能促进维生素 D 的合成，从而提高大脑灵敏度，促进身心健康。

手机等电子设备发出的光线和自然光线相似。这些光线可以刺激我们的情绪和心理，但同样也能影响睡眠——所以，如果你睡眠不好，最好不要在床上玩手机。

荧光同样值得注意：这种光线容易使人产生疲劳感。因此，如果你的办公室安装了很多荧光灯，最好经常走出去，让大脑清醒一下。

睡眠

熬夜对思维是极其有害的。

睡眠不足会降低我们的警惕性，削弱思维表现。它对思维的不利作用与醉酒无异。轻微的睡眠不足几乎具有与过度饮酒相同或更糟的负面影响。

但这并不意味着我们每个人都需要每天睡满“八小时”。每个人需要的睡眠时间各不相同，一般来说，年龄越大，需要的睡眠越少。有调查显示，人们对睡眠的主观感受可以影响思维表现。倾听你的思维：如果它感觉已经得到了足够的睡眠，那么你大可以放心；但如果它感觉睡眠不足，你也不要为此过度担心而导致失眠。

身体健康

综合的身体健康状况同样会影响思维。疾病、痛苦和疲劳，包括得流感时的头晕感和忍受病痛时的注意力涣散，都会影响我们的思维和感受。因此，照顾好身体也是呵护思维的绝佳方法。

锻炼尤其有效：即使只是轻度的体育活动，也对思维有促进作用。高强度的锻炼则有助于减轻压力、缓解焦虑，经常进行体育锻炼可以改善心情，提升幸福感。

园艺、跆拳道、散步、攀岩，无论你喜欢的运动是什么，它们都可以很好地促进你的思维。

营养

食物和饮品对思维的影响比我们大多数人认为的要大得多，管理膳食可以简单而有效地改善心理健康状况。

食物为思维提供充足的能量，当摄入粥类、豆类等缓慢释放能量的食物后，你会感到一整天都精神饱满。

大脑功能的正常运行还需要许多维生素和矿物元素，比如铁、硒和维生素 D。如果适量食用，一把巴西坚果、强化麦片再加一些豆子做成的早餐对思维和身体都有诸多好处。大脑的 70% 是脂肪，所以 Omega-3 等脂肪酸也很重要——虽然它们对心理健康和认知表现的具体作用还有待研究。

食物和饮料可以对思维产生显著影响。含糖量高的食物确实可以在短时间内给大脑提供更多能量，但也可能使我们接下来犯困，并影响我们的心情和精力。同样，咖啡因可以在短时间内让我们更清醒，但也可能引起焦虑和不安。

不需要对饮食太过刻板，但最好记住，饮食对我们的思维和感受有影响。时常思考自己每天吃了些什么，以及它们对思维产生了什么影响。如果你感到异常的焦虑、低迷或疲劳，想一想你那天吃了些什么、喝了些什么，这可能是造成你当时感受的关键因素。

水

水应该单独成为一个种类。照顾思维的最好方法之一就是多喝水。

研究显示，脱水不仅会影响身体健康，还可能波及我们的情绪和清晰思考的能力。缺水已经被证实可能导致工作记忆能力下降、削弱思维表现，甚至造成沮丧。

有研究表明，即使只是轻微的脱水——低于正常饮水量 1.5%——也使得实验对象表现出疲劳、紧张、焦虑，且难以展开脑力工作。

脱水对情感的影响在女性中表现尤其突出。一项研究显示，保持饮水充足对办公室白领和对体力劳动者同等重要。

饮食学家建议每天喝两升水——大约等于八杯——以保证正常饮水量，并维持思维敏捷。我们当然可以从食物中获得水分，所以饮水不仅仅是饮用瓶装水。但是，500 毫升的缺水就可导致轻微脱水——相当于一小瓶瓶装水。

如果你感觉到思维迟钝、缺乏能量，喝水是个好办法。而且，它在大多数情况下是免费的。

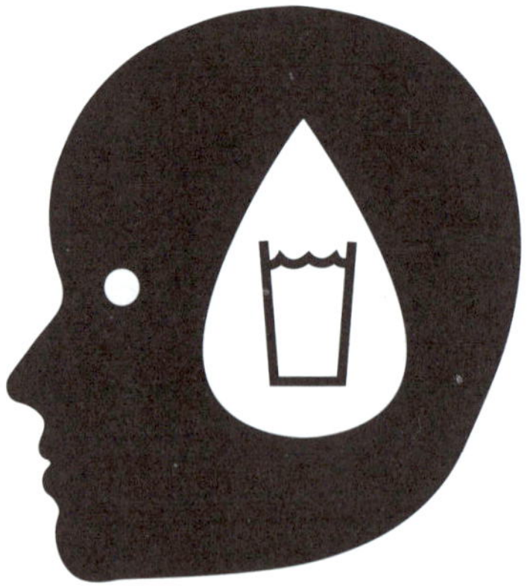

他人

与他人建立积极的关系有益于心理健康。孤立对思维是有害的。

社交被证实与所有种类的健康因素均有关联。人们可以通过社交减压，获得更强壮的体魄和更长的寿命。有文章指出，缺乏友谊对寿命的影响几乎等同于抽烟、喝酒和肥胖。

在专业领域同样如此：抛开工作中的劳累和压力，产生对他人有用和作为团队一员的感觉通常是有益的。这也许可以解释为什么退休和失业会对人们的心理健康造成损害。

然而，并非所有的社交都有好处。欺凌和不公平的对待对心理健康极其有害，尤其是当这些行为让人感到不安全的时候。因此，咄咄逼人和傲慢之人可能会对我们的思维和工作能力造成消极的影响，最好避而远之。同时也请记住，不要这样对待他人。

人与人之间倾向于情感上彼此靠近，所以，情感状态总是相互影响。快乐的人可以让我们更开心，焦虑的人则让我们更焦虑。有时好心情和坏心情并不来源于自己本身，而是来自于我们身边的人。

鉴于他人可能会对心理健康和工作能力产生积极影响，我们应更多地投身于积极的人际关系中，并和喜欢的人共处。

心智资源

思维受到来自内部与外部很多因素的影响，如果能对这些因素有更深入的了解，人们就可以在更多情况下发挥出潜力。

“心智资源”是一个很重要的概念，它指的是在任一时刻大脑拥有的能量。

调动意识思维会消耗脑力，所以思维的效率和心智能量有关。当思维变得疲劳、迟钝时，你可能都无法展开基本的脑力工作；但如果你清醒、专注，心智资源充沛，就可以更清晰地思考、更准确地回忆、更好地掌控决定。心智资源可以影响思维，从而影响你的整体表现。

任何掏空心智资源的事情都会削弱你的工作能力，包括体能不足、营养不良、干扰、穷思竭虑和其他情感因素。压力和焦虑同样会损害清晰思考的能力，你越累、越担心、越紧张和分心，就越难以运用思维。

心智资源也是提升专业表现的关键。让人变聪明的方法很少，但却有很多方式会让人变得愚蠢。如果能避免这些让人变蠢的方式，你会发现自己原来那么聪明。

如果想充分利用思维，维护心智资源是一个需要学习的好习惯。好好睡觉、喝水、吃饭、锻炼——因为它们会让你的思维更持久地处于最佳状态。

韧性

韧性是人在遭遇生活事件和环境影响时保持良好状态的能力。重点不在韧性本身，而在于应对困境和挑战的能力。

关于韧性的研究多专注于应对挫折和压力（后面进行详细论述），但在某种程度上，平常生活中也需要我们保持韧性。吵闹的邻居、糟糕的午餐或一夜噩梦都会影响思维，并且每个人都需要找到应对这些挑战的方法。

精神状态是一个考虑因素：一些人会耸耸肩膀，说“今天真倒霉”，然后变得更坚强；而一些人可能会好几天心理不平衡。关键在于用积极的行动来补偿消极事件，比如感觉睡眠不足时有意识地多喝水，或去听听不同的看法，给思维充充电。

一些情况下，韧性也可能意味着改变环境，寻找积极状态，避免那些对思维有害的事情。通过关注周遭环境对思维的影响，你可以找到最适合自己的工作环境，并避免那些干扰你或削弱心智能量的因素。

没有人能告诉你应该忍受什么，又应该包容什么，但其实这两者并不相互排斥。学习如何在困境中管理思维可以使情况好转起来；尝试通过改变环境来迎合思维的需求——如果这些都行不通，你可能需要学习一下如何应对无法改变的事情。

照顾你的思维

那么，我们能做些什么来维护心理健康，并在所有这些影响下保存心智资源呢？

积极心理学领域的研究显示，心理健康在很大程度上可以归结为人生观和行动——即我们做出的选择和参与的活动。

简单来说，健康的公式如下：

基因＋生活条件＋行动＝健康

你的基因组成和与生俱来的人格特征显然会影响你的健康。在思维上，人一出生就存在差异。生活条件——你的成长、童年经历和目前的情况——也很重要。我们无法指责人们的感受，也显然不应该低估创伤带来的影响，或者说良好教养环境的价值。

但是，越来越多的研究显示，思维感受的很大一部分都来自于所做的事情——各种选择、态度以及行为。无论个人，还是社会，都有很大的机会去积极地影响思维。

所以，你是如何利用这个机会的？你每天都在改善思维吗？还是它已经越来越不健康，效率越来越低下？你做的什么事情是有利于思维的？

你的 mindapples 是什么

Mindapples （思维苹果）运动号召每一个人像关注身体一样关注思维。

一个 “mindapple” 就是一件你为照顾思维做的事情。与鼓励人们多吃水果和蔬菜的“每日五蔬果”运动不同，Mindapples 运动号召人们分享照顾思维的“每日五蔬果”，让人们意识到能做些什么来改善心理健康，并让越来越多的人参与到讨论和学习思维的活动中来。

全世界已有成千上万的人分享了他们的 mindapples。有人习惯温和的活动，比如阅读、散步等；有人偏爱热舞等激烈的运动；有些人从心理角度切入，例如练习正念、学会感恩等；有些人则更加原始一些，喜欢嘶吼、美食和说一句“管我屁事”。这其中很多对身体是有好处的，另一些则没有——比如通过喝酒来放松，或者早餐吃培根三明治、喝一大杯咖啡。

行动可以是孤立的，也可以具有社会性。我们有时喜欢独处，有时也会在公交车站和老太太聊天。我们喜爱宠物——有人的分享是“带着我的狗一起跳舞”——还有人说“摸毛茸茸的东西（狗或者男朋友）”。当然，照顾思维并不是一定要放纵自己：也有很多人分享诸如“照顾孩子”和“做擅长的事情”等有建设性的、利他的活动。

那么，你的 mindapples 是什么呢？想一想为了照顾思维你每天或经常做的事情，它们可以是任何事情，因为，你的大脑你做主。

事实上，关于对思维有益的事情，人们往往达成了一些共识。一项在英国进行的针对两千人的调查结果显示：

- **61%** 的人提到了某种类型的体育活动
- **53%** 的人提到了他人的陪伴
- **35%** 的人提到了学习和创造
- **35%** 的人提到了食物和饮品（虽然只有 22% 的人把这一做法维持在一个健康的范围内）
- **31%** 的人提到了某种形式的“独处”或放松

保持好的身体和精神状态、享受他人的陪伴、学习新的东西和享受美食——有太多的事情我们认为对思维有好处，但遗憾的是，仅有 4% 的人提到了工作。

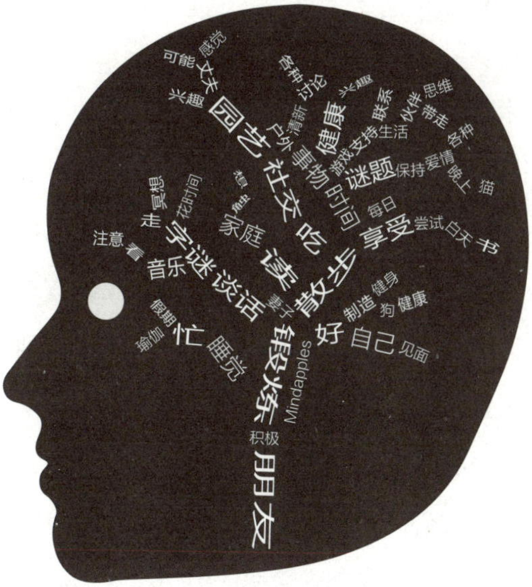

适合你的方法

我们可以找到很多关于如何照顾思维的官方列表清单。英国政策制定者和卫生领域从业者最常用的就是由新经济基金会（New Economics Foundation）制定的“健康指南”：

- 社交——和其他人愉快相处
- 保持活跃——温和或激烈地锻炼
- 观察——学会欣赏身边的一切
- 学习——智力挑战有益健康
- 给予——帮助他人也可以让你感觉良好

“健康指南”可以成为一个用来思考如何维护心理健康的框架。可以把它看成不同的活动种类，当你想在日常生活中添加一个 mindapple 时从中挑选。

然而，最重要的还是找到你喜欢并适合你生活方式的健康活动。我们都知道，抽时间玩耍可以让我们感觉良好，但参与到你认为有趣或有意义的活动中才能真正地促进心理健康。

研究显示，当我们选择参与到令人愉悦的活动中，而不用理会工作和责任的要求时，我们的心理健康会受到显著的积极影响。

经常抽时间做一些令人感到愉快的事情，人们会更容易获得更多正面情绪和满足感，使沮丧和压力等级得到缓解，血压得到下降，从而拥有更健康的身体。

偶尔放松可以让你歇口气，将注意力从要求和忧虑上转移开来。休闲活动则具有修复功能，可以帮助我们补充资源，从而更好地应对压力和困境。

因此，虽然听起来不像戒烟或早睡那么一本正经，但偶尔做点你喜欢的事情的确对健康有益。玩乐真的对你有好处。

所以，对心理健康有益的活动清单没有终结，同时也极其简单。有研究指出，音乐、艺术和自然都有益于健康。科学证实，拥抱对健康有好处。购物疗法——一种通过购买小东西来给自己打气或庆祝的方法——可以在短期内改善心情。甚至还有研究表示，观看《指环王》对思维有益。

不要认为存在维护思维的万能方案。在促进每天的健康方面，对一个人有用的方法不一定对所有人都有用。

只有当你自己选择这些活动，并感到享受时，它们才能发挥最大效力。科学家可以告诉你对其他人有用的方法是什么，但他们不能告诉你你喜欢什么，并为你做选择。

所以，给你的思维一些时间，时常留意它需要的是什么，并为任何可以放松和恢复思维的事情腾出时间和空间，这可能决定着你的健康和专业表现。

正念

在促进心理健康和表现方面，有一种工具正受到越来越多的欢迎——正念。正念是这个领域最被关注的研究话题，因此应该特别提出来。

正念有一些宗教活动的影子，但它同样也有世俗的应用。它可以作为一种训练注意力的方法，使之对思维和身体活动变得更具洞察力。一项研究将其定义为“当下对体验的非主观洞察”。正念不在于清空你的大脑，而在于洞察更多，包括你自己和周遭环境。

如果你肯花时间，经常地正念冥想能带来诸多好处。有文章指出，基于正念的疗法可以有效解决很多心理问题，而且对缓解焦虑、沮丧和压力尤其有效。犹他大学的一项研究显示：正念训练可以帮助我们控制情绪，并让我们在夜晚睡得更香。正念还可以带来身体方面的好处：一项研究显示，正念可以改善免疫系统。

虽然在商务环境中关于正念的研究相对少一些，但是最初的一些发现仍然是积极的。一篇文章表示，正念与工作表现相关。

无论你经常冥想，或者只是有意识地保持冷静和觉醒，正念都对思维有好处。

正念先驱乔恩·卡巴金这样说道：“我们习惯于改变，却经常忘了接受。”也许是时候进行一些转变了。

基本原则

倾听你的思维，找到能有效帮助你冷静、保持健康、觉醒、充满活力的事情。你越能收听自己的感受并做出适当的回应，就越能管理自己的思维和感受。

并非总能抽出时间来照顾思维，有些时候我们不得不让大象进入丛林，而又不给它任何食物。在这种情况下，一些小事情可能会提供帮助。

如果你感到迟钝、低沉或者烦心，问自己下面几个问题：

- 我睡眠充足吗?
- 我喝了足够的水吗?
- 我今天吃了什么、喝了什么?
- 我有没有得到充足的自然光线?
- 我最近有没有锻炼身体?

掌握好这些基本原则，那些更高级的照顾思维的方法也会变得容易。养成好的习惯，为你的 mindapples 腾出一些时间，如果做到了这些，你应该会发现它们为你的心理健康和专业表现带来的好处。

最重要的是，请记住照顾思维并不奢侈，这是在生活和工作中取得成功的最基本要素。用一句流行语概括，即：

照顾你的思维，那是你生存的唯一证明。

习惯 1

照顾你的**健康**，找到针对你**思维**的“每日五蔬果”。

全章总结

短评版

你需要让思维得到规律的休息，获取属于你的 mindapples，并管理能量水平和心智资源，以使思维达到最佳状态。

摘要版

照顾思维并不是工作完成之后享受的奢侈品，而是完成工作的关键工具。

思维很复杂。很多影响身体和情绪状态的因素，也会影响你的智能，例如饮食不足、脱水、干扰以及身边的人。这些外部因素需要对其进行管理，而且如果你的思维拥有能量，你就能更好地管理它。维护心智资源是保持韧性和提高工作表现的最好方法。

你可以积极地促进自己的思维表现，方法是注意饮食、晒太阳、充分休息、喝水，以及做你享受的事情。事实上，你花越多的时间做自己喜欢的事，思维表现就会越好。玩乐有时很有好处。

思维是你最大的财富。如果想获得成功，那么你需要在工作之中和工作之外好好照顾它。问问你自己，今天吃过 mindapples 了吗？

02 管理情绪

谈论自身感受时，我们并不总是感到舒服。

尤其在商业环境下，谈论情绪被认为是很私人的，甚至是任性的。用情绪化形容一个人听起来甚至像是一种侮辱，暗示着他们的判断是欠考虑的，他们的行为是反复无常的。在一些人看来，情绪不是商业人士应该表现出来的。

然而在工作中，管理情绪实际上跟工作本身一样重要。我们无时无刻不在经历着各种正面、负面的情绪，情绪状态会直接影响我们的专业表现。

情绪会影响工作。积极的情绪被证明可以促进学习，激发创造力和思维；负面情绪则会使我们的视野变得狭窄，让我们看不到多种可能性，并改变我们看待风险和机遇的方式。

管理工作中的情绪可以给我们带来商业优势。不论我们喜欢与否，总之，谈论感受对商务总是有利的。

A Mind For Business

情绪化商务

情绪状态对思维和行为都有多种影响，因此，它也会影响我们的工作。

比如喜悦和兴奋等正面情绪，似乎可以加强决策能力，改善记忆并激励人们团结互助。处于正面情绪中的员工会腾出更多时间处理有趣的任务，同时也会准确地完成那些枯燥但又必须完成的任务。

正面情绪可以使我们更有创造性，更善于发现新的机遇，同时拓展视野和思维。我们的思维会因此而更灵活、更积极地响应新信息，并以创新的方式处理信息。而负面情绪——愤怒、焦虑、低落或威胁感，则会使视野变得狭窄，阻碍我们看到多种可能性。

芭芭拉·弗雷德里克森开发的“拓宽和建构”（broaden and build）理论解释了这背后的原因。

恐惧或愤怒等负面情绪是示意或战或逃（fight or flight）的信号。它们会限制选择，为的是让我们做出快速、果断的行动，以得到最大存活的机会。这些情绪的好处是让人专注于当前威胁并从教训中吸取经验，坏处是它们往往支配了思维，使人无法清晰思考、发现机会。

而积极情绪则表示安全、探索和创新，它拓宽思维，让我们用更灵活的方式思考。积极情绪使我们更容易获得新的体验，更容易发现新的想法和关系。而这些在大多数工作情景中很有用处。正面情绪让我们从周围的世界中看到更多。相反，负面情绪致使我们与机遇擦肩而过，将更多注意力放在消极事件和不好的记忆上。我们根据自己的情绪状态来过滤这个世界。情绪塑造了我们看待世界的方式，并影响着我们的决定。

华威大学一份研究显示，正面情绪可以增加人们在工作中的参与度，从而提高生产力。这份报告的作者表示："快乐的工人的生产力提高了 12%；不快乐的工人的生产力减少了 10%。"根据他们的发现，"效果直接作用在产出上……努力程度增加了，准确度保持不变。"

在正面情绪的作用下，我们倾向于一件一件地完成手上的事情，会更有效率、更准确地工作。良好的心情可以帮助我们达到"心流状态"。

所以，管理情绪不仅仅对健康有益，它同样可以推动专业发展，发展新技能和新能力，促进创新与合作，使我们完成更多事情。

如果想在工作中成功，那么除了智能以外，还需要管理好情绪。

芭芭拉·弗雷德里克森曾这样说：

"正面情绪值得你去培养，不仅仅是为了达到它本身的状态，同样也是为了获得心理成长和健康。"

管中窥豹

管理情绪的第一道阻碍是多数人甚至连自己的感受都难以表达，无法轻易地把感受用文字描述出来，或者自信地与其他人谈论它们。

我们需要一种更贴切的语言来描述这类敏感、私人的话题——尤其是在工作中。

在众多情绪模型中，罗伯特·普拉奇克经典的"情绪之环"（wheel of emotions）是一个不错的起点。它将二十四种最常见的情绪根据类别和强烈程度通过一张图表示出来，其中剧烈程度较低的种类位于环的外围，较高的则靠近中心。

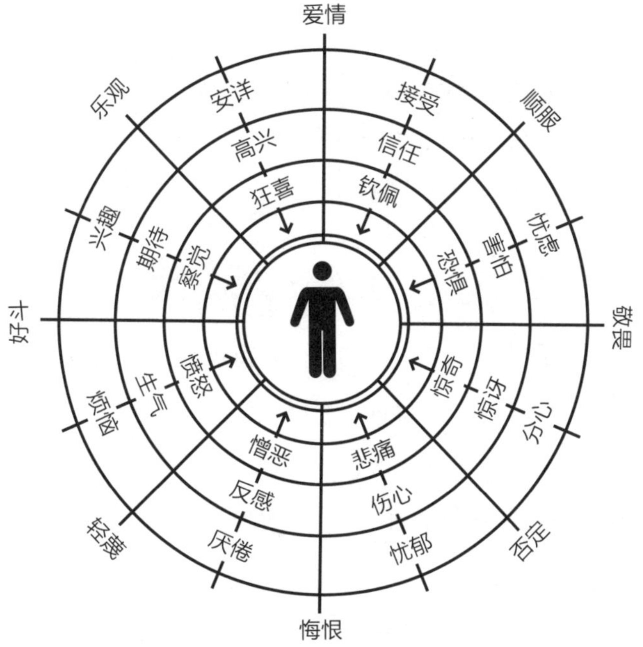

从普拉奇克的模型可以看出人类的情绪反应有多么复杂和多样。同时，它还告诉我们，可以用多少种不同的词语来描述感受。口舌笨拙时，我们肯定愿意谈谈自己的感受。

然而，该模型仍稍显复杂。描述感受时要达到如此的精确度并非易事，毕竟很少有人会在办公室讨论他们是阴郁还是狂躁。

情绪之环是围绕四种基本情绪构建的——害怕、生气、伤心和高兴——这样看来就简单多了。弄清楚这四种情绪对应的感受分别是什么，这会是一个好的开始。

另一个问题，人们不总是了解自己的感受，甚至可以在同一个时间有好几种感受，并经历不同级别的情绪。

- 意识——清楚感受并能解释
- 部分意识——对感受有短暂的意识
- 无意识——对感受或其效果无意识

所以，通常至少有一个方面的感受是意识觉察不到的，这使我们很难做到调节情绪状态的方方面面。所以，情绪对人的作用方式并不容易了解。

这就不难解释为什么心理医生正在越来越多地使用更客观的方法去测量感受。心理医生詹姆斯·罗素在谈到时下流行的情绪语言时说道："这些路标可能没有摆对方向。"如果我们想把管理情绪变成每天的习惯，也许需要看得更远一点。

什么是情绪

与“情绪”有关的描述总是频繁出现在日常会话中，例如：“他心情不好”“我今天心情很好”等，但我们却很少停下来想想它的深层含义。

心理学家很仔细地将“情绪”和“情感”区分开来。情绪化反应和具体事件相关，且来得快去得快；情感则是指可以维持数小时甚至数天的持久状态，与单个事件无关。情感是背景感受，有时也称作“核心影响”。

情绪是自然生成的，每个人都有情绪。它有点像身体温度，只有当剧烈升高时人们才意识到它的存在，但实际上它一直存在。

情感会影响情绪化反应，反之亦然。这两者都反映出生活中事件对我们的影响。情感学者威廉·N. 莫里斯有效地将两者进行了区分，兰迪·J. 拉森在其基础上进行了总结：

“情绪反映了周围环境及其对我们的要求，情感则是我们内部状态的体现。”

所以，情绪是在感情层面上反映出我们从生活事件中吸收的东西。管理情绪可以帮助我们管理情感以及周围环境给思想和行为带来的影响，在生活中和工作中均是如此。

追踪情绪

虽然我们说惯了心情好或心情不好，但对于心理学家，他们会用两个维度去衡量情绪。在图表中，一般用能量和激励水平去度量情绪状态。

心理学家罗伯特·泰勒于二十世纪九十年代提出的模型中将情绪描述为紧张度和能量的混合产物——既疲劳又紧张，或既精力充沛又放松。在他的著作《日常情绪起源》（*The Origin of Everyday Moods*）中，泰勒表示人们在既放松又精神饱满的状态中表现最好。

如下图，用泰勒的两个情绪维度标示出一些常见的情绪状态。

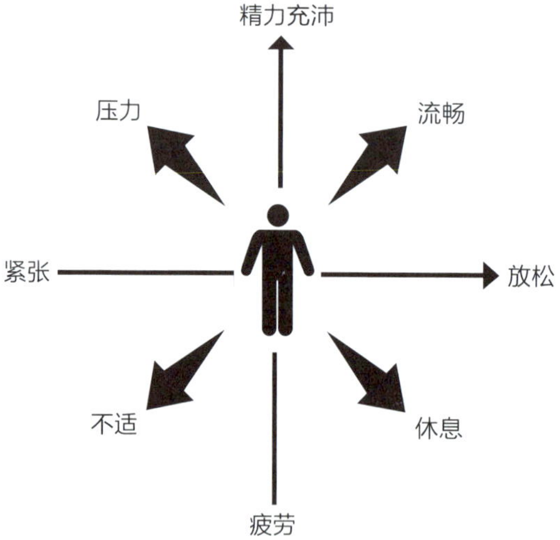

这个模型可以识别出你正处于哪一个特定的情绪状态。你可以通过它来追踪自己的能级和紧张度，并通过了解它们发生变化的原因和方式来展开管理。

了解感受很重要：基本情绪可以影响感知和行为，因此对情绪越了解，就越有可能纠正这些影响。

了解基本紧张度和能级可以让你知道思维什么时候处于高效状态，以及应该在什么时候重新开始工作。

但泰勒的模型并不能展现所有与感受相关的事情。人们有多种多样的感受，需要不同的与之对应的模型来度量。

然而，你还是可以很好地利用这一模型管理自己的状态，并在工作中谈论情绪。我们可能不习惯告诉同事自己很悲伤或很害怕，但是告诉他们自己是否感到精力充沛或紧张相对容易得多。

泰勒说过，“情绪是我们最基本功能的准确指示”。了解情绪是自我管理的有效工具。至少，如果你能每天都对自己的精神状态和紧张程度有所了解，那么你就朝优秀的工作表现迈进了一大步。

管理情绪

要管理日常情绪，维持紧张程度和能量等级是一个好的开始。

但是，管理情绪并不是那么简单。与感觉相比，情绪持续时间更长，与外部事件的相关性低，并且更难以直接表达，这使得处理它们变得十分困难。首先，我们需要了解哪些因素会对情绪产生影响。

- 意识——自然人格特征可以影响你的平均情绪等级，以及对生活事件的波动性和敏感性
- 激素——体内化学物质和其他内部生理系统会影响情绪并与情绪互动（男人和女人）
- 营养——你摄入的食物和饮品会改变你的情绪，尤其是咖啡因、糖类和酒精等
- 环境——事件、背景、他人和你每天的情绪反应会长远地影响你的情绪

上述有些因素是人为无法控制的，但是仍然有很多与我们的人生观、选择以及行动有关。所以，尽管情绪受到外部因素的制约，但我们还是可以通过一些手段来使其得到管理。

泰勒的研究显示，每个人都在无意识地通过一些日常动作来管理情绪，本能地提升能级，降低紧张度。

想想你会不会有意或无意地做一些事情来提升能级和降低紧张度。想想你的日常生活，早上醒来和晚上回到家你会做什么。一些细小的事情也能发挥作用。

如果你并不知道自己有调节情绪的潜意识需求，你可能会发现，尤其是当感觉不适的时候，你会不假思索做一些能够快速切换情绪的事情。长此以往，你可能会养成使你上瘾的行为习惯，这些习惯是有害的，它们可以在短期内让你感到舒适，但会引来一些长期的问题。

就像保持心理健康一样，调节能量和紧张等级也没有通用方法。管理情绪的方式非常个人化，并且根据文化修养、生活方式、兴趣、年龄、健康和人格的不同而有所不同。

例如，一些人认为音乐和园艺等温和活动可以使他们得到放松，一些人则更喜欢充满活力的活动，比如社交和运动。一个人认为的可以使他充满活力的事情也许会让其他人精疲力竭，同样，很多让人们放松的事情也可能会让一些人感到紧张。每个人都各不相同。

一些人觉得找到让自己充满活力的事情更加容易，另一些人则认为令人感觉轻松的活动更好找，通常这两者是可以兼得的。所以，在管理能量和紧张度上并没有什么既定规则。

最重要的是找到适合自己的事情。我们通常会去选择做那些最容易和最令自己感到舒服的事，因此，自我管理的行为需要契合相应的生活方式。找到属于自己的放松和充电方式，并将它们融于日常生活中，以此来管理情绪状态，并保持专注力和执行力。

管理不适

如果意识不到管理情绪的重要性，最终我们很可能会被情绪所控制。

泰勒的研究认为，虽然可以采取很多健康的行动来管理情绪，但我们的行为一旦到达低能级和高紧张度（不适）区间时，就容易变得无法控制。这种状态让人无法忍受，为了逃避我们几乎可以做任何事情，包括寻求一些权宜之计，尽管这不能解决根本问题。

这些权宜之计常常借助于香烟、酒精、毒品和兴奋剂、安慰性饮食，甚至购物。它们可以迅速地改变情绪，但也会带来其他负面效应。

咖啡醒脑，香烟镇静，购物则提神——所有的这些行为都是管理情绪的尝试。认识到这一点后，我们就可以开始分辨这些行为是否真的有用，并开始积极地管理情绪。

最重要的是拓宽选择范围。在提高能级、减少压力上，可以选择的行为越多，就越容易保持舒适和健康。

研究一下你的行为清单，设法找到更多管理能量和紧张度的方法，并打造一个你自己的工具箱，用健康、可持续的方法控制自我感受。同时，尽量避开不适的情绪状态，因为在紧张、疲劳的状态里待的时间越久，就越有可能做出无法控制的行为。

自我调节

我们有目的地通过习惯性行为去管理和改变自我感受，这在心理学上通常被称为“自我调节”。

自我调节不是应急工具，而是生活和工作中应该养成的好习惯。有时你可能需要抑制情感强度才能专注于当前事件；另一些时候你又可能想要保持积极活跃的情绪。无论使用这些方法的目的是什么，最重要的是要感觉自己可以控制情绪，而不是沦为情绪的奴隶。

下面是情绪自我调节的三个层级：

- 自觉——了解你的情绪状态及其对他人的影响
- 表层行为——不顾自己的感受，管理你对他人的影响
- 深层行为——管理你的情绪状态，使其适应于当下环境

表层行为使人疲累并耗尽心智资源。这种“情感劳动”大大地影响了健康和工作表现，而真诚地管理情绪则有效和直接得多。如果你可以把状态调整至与周围人一致，你就更有可能和他们愉快相处。

因此，学习这么做是一项非常有用的技能。自我调节的频率、策略和有效性对每个人来说都不一样。我们可以利用的工具越多，对感受的理解越深，就越有可能做好自我管理并克服困境。

兰迪·J. 拉森利用多个研究的实验数据，总结了人们用来调节情绪和情感的最常见策略。

	行为策略	思想策略
问题本身	解决问题 规划未来 找人倾诉 更加努力 躲藏或逃避	问题引起的感受 想想好的事情 想想更倒霉的人 心怀信念 接受事实
整理思绪	保持繁忙 帮助他人 找点乐子 社交 发泄 压抑 锻炼身体 吃东西	放松或冥想 化悲痛为力量 做做白日梦 专注于明天 不去想它 理智思考

这份清单并不是给你的建议，它只是向你展示了可以做哪些事情（有好的，也有不好的）来管理情绪。兰迪将策略特别分成了针对问题本身和针对问题引起的感受这两种。

管理情绪没有一刀切的解决方案：不同的策略会对不同的感受有效。是否改变你的感受或者环境由你全权决定。情况各不相同，没人能告诉你生活中应该忍受什么、不应该忍受什么。

对情绪或情感做出回应时需谨慎行事。从你的选择范围中寻找，当即做出最恰当的回应。

在工作中自我调节

由于情绪状态会影响专注力，以及清晰思考、获得新技能和与人相处的能力，因此情绪调节在工作中十分重要。

如果我们意识不到情绪调节的重要性，很可能会把一些本能的自我调节行为误认为是浪费时间，但事实上这只是试图改变心理状态的行为，以便能更好地完成工作。散步、查看 Facebook、与同事聊天——这些事情都可以使人们更加积极，并更好地参与工作。

如此，情绪管理成为了商务环境中的一个挑战。看起来无意义的活动可能会提高工作效率，因为我们的情绪得到了提升，并因此能更加专注、做出更好的决定。但这需要管理者非常了解他的员工，这样才能分辨哪些是积极的自我管理活动，而哪些是在偷懒。

人和人各不相同，所以要在一个公司里设立一般政策支持情绪管理是很难的。相比之下，给员工一定的空间和自由，允许他们用自己的方式做出选择、管理能量等级和情绪状态才是管理层应该做的。

这意味着我们都需要从自身出发，促进工作环境中的积极文化，意识到情绪的影响，避免散播焦虑的种子。我们通过反应和行为显著地影响着他人的情绪。所以，我们越能注意到自己的情绪和情感，就越能管理好它们，且在工作环境中做出积极贡献。

情商

情绪调节类属于一个广泛的研究领域——情商。情商指有效识别并管理自己和他人情绪的能力。它可以很好地帮助我们管理思维、保持健康并同他人相处。一般来说，它被用来预测生活和职场上的成功。

情商高的人更有可能牺牲短期愉悦，以换取更多、更持久的长期愉悦；他们更有可能去争取对自己和他人有益的情绪；也更可能理解情绪是离不开环境的，不同的情绪对不同的情境有帮助。

在社交中情商尤其重要：如果我们可以识别和管理自己的情绪，就可能对他人产生积极影响。了解他人的情绪、自己的情绪及其对他人的影响，可以帮助我们更恰当地做出回应。

当然，这并不是说要一直保持愉悦。如果你很开心，而你身边的人都很悲伤或愤怒，你也会成为异类，在这样的情况下，最合适的回应反而是忧郁、悲伤或愤怒。

学会掌握表达情绪的时机是情商的重要方面。

获取信息

情绪是一种重要信号，但它无法被压抑或修复。情绪反映出我们对生活中事件的感受，情感则体现了我们的内部状态和心理状况。为了完成任务，我们可能将情绪传达的信息放在一边，但这样做，受害者是我们自己。

情绪是自然的，而控制情绪状态也不总是健康的或可行的。任何情绪都有一个适合它的情境，有时最恰当的回应或许正是感受愤怒和悲伤。过度的情绪调节会导致我们过度警觉，因害怕错失而总是试图寻求更深层次的感受。

倾听你的内心，找到使它冷静、活跃和高效的方式。不要迷信于一直保持同一种特定的情绪。关键在于有效了解和处理自己的情绪，并相应地管理各种活动和日常事务。还有，不要陷在负面情绪里太久。

用情绪监测你的心理状态，这之后便让它顺其自然。

兰迪曾这样总结“自我调节”，即：

获取信息后挂掉电话的能力。

习惯 2

留意哪些事情
可以提升你的**能量**
并缓解紧张，
把它们培养成
日常**习惯**。

全章总结

短评版

情绪会影响思维，需要进行管理，因此应该通过日常行为保持能量并缓解紧张。

摘要版

情绪和情感影响着人际关系、生产力，甚至我们看待世界的方式，但是我们却害怕谈到它们，尤其是在职场中。一部分原因是语言：我们需要更好的表达方式来讨论感受。

情绪体现生活中的事件；而情感是背景感受，是内部状态的表现。每个人都有情绪，并且因生活事件、营养、激素和其他因素而有所不同。

情绪不分好坏，且与能量有关。在一个模型中，情绪被描述为能量和紧张等级。我们每个人都会本能地通过行为提升能量、降低紧张度。想想最能帮助你保持活力和轻松的事情是什么。如果想不到，你可能会依赖于不健康的权宜之计来逃避不适。

这些都是情商的一部分：处理情绪并和他人微妙相处的能力。不要迷恋于改变你的情绪：学习掌握情绪传递给你的信息，然后继续生活。

03 找到动力

生活中某些时候，大多数人都必须努力才能保持动力。无论是节食、无聊的工作还是抽时间做想做的事情，兑现我们做出的承诺通常是一场人性的挣扎。

动力指实施行动的渴望，而不仅仅是做出行动的决定。通常，想做的事情和有动力去做的事情之间存在鸿沟。我们可以坚持一个行动方案，但只有动力才能让方案的实施过程变得轻松愉快，而非沉重不堪。

动力是心理学和神经科学领域最受关注的研究话题。它是关于行为驱动力的研究，即驱使人们做事情的基础因素。

同时，它在商务领域也是件大事。高度参与的员工在销售业绩的表现上有显著提升，员工多投入 20% 可以使业绩达到每月 9% 的增长。动力是商务成功的最基本因素之一。无论目标是激励自身还是激励他人，对动力多一分了解对大多数人来说都是有帮助的。

A Mind For Business

意志力的限制性

为什么我们倾向于选择更简单的任务？为什么抽时间做自己感兴趣的事这么难？怎样才能将那些不得不做的事情变得轻松一些？

当我们决定做一件原本不想做的事情时，通常会依赖于意志力。意志力是一种压制自然倾向、强迫自身行为与决定一致的蓄意过程。

我们当然可以通过有意识地提醒自己来获得短期的动力。比如：

- “我需要钱”
- “我对此深信不疑”
- “我需要练习”

问题是，意志力似乎是一种有限的资源。在不断提醒自己需要什么的过程中，耗费大量精力，甚至导致我们精神疲劳。

而一旦精神疲惫，意志力就会衰退，原因可能是之前进行了太多自我控制，或血糖水平偏低导致体力不支。总之，疲劳或繁忙的状态下，人们更不容易控制自己。

如果能保持健康、保证营养或睡眠充足，就能获得更强的意志力。但仅凭意志力仍然会耗尽精力，导致最终无力做其他事情。因此，可以运用意志力，但不能无休止地依赖于它。

如果意志力会消耗宝贵的能量，而这些能量应该被用在更迫切的事情上而不是提升动力上，那我们又应该怎样去提升动力呢？

动力模型

加涅、德西和凯尔等人提出了一个动力模型，该模型综合了三种能产生激励效果的因素。要获得从事一项任务的动力，我们需要一个明确的为之行动的外部诱因，还需要执行任务的内在驱动力，以及认为自己具备成功能力的意识。

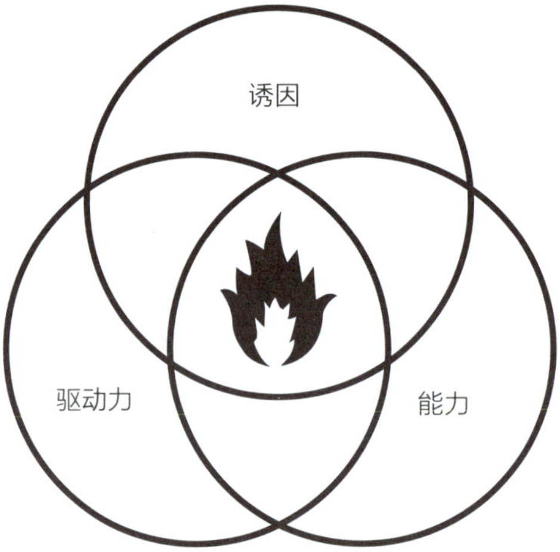

将这些因素结合起来才是让自己或他人受到激励的关键。

外部诱因

首先，我们需要一个外部诱因。

外部激励因素来源于外部环境，诱使我们采取行动。这些因素可能是积极的，也可能是消极的，例如获得奖励、摆脱威胁或保护我们在意的事物。激励可能与所处的环境相关，也可能是出于改变环境的需要。

任何诱使我们采取行动的外部条件都可以被归类为外部激励因素，例如：

- 金钱、资质或奖励
- 褒奖、地位或奖品
- 截止期限、威胁或考核
- 惩罚、罚款或纪律处分

大多数时候，采取行动是为了得到奖励，但有时外部激励因素也可能是负面的。例如当我们因为压力，或出于对惩罚、批评的恐惧，或为了不让别人失望而采取行动时。这就是经典的“软硬兼施”管理策略。

外部激励因素的影响根据任务种类的不同有所不同。从事乏味、重复或机械性任务时，人们一般想要获得更多奖励，因为这些任务太过无趣。但开展复杂或有创造性的工作时，太多外部诱因反而会让我们做得更少，而不是更多。

爱德华·德西于二十世纪七十年代开展了一系列经典实验：实验规定，一些参与者完成有趣的解谜后将获得报酬，而另一些参与者则没有奖励。出乎意料的是，没有报酬的参与者花在解谜上的时间更多，即使没有任何外部诱因驱使他们这样做。支付报酬的做法会降低人们主观努力的程度，并可能导致消极怠工。

即便如此，金钱仍然十分重要。虽说对金钱过于操心会分散人们的注意力，或使人丧失斗志，但我们信奉付出即有回报，因此对合理的报酬有所需求，如若不然，会感到不忿或未受到足够重视。除此以外，金钱并不能直接转换为努力程度。

消极因素同样如此。实验中，一些参与者还受到了诸如批评或是如果失败将接受惩罚之类的威胁，跟获取报酬的参与者一样，这些人同样较快停止了解谜。

消极激励因素还存在其他的问题。我们的确有避免损失和保护自己的强烈动机，但思维不善于处理消极指令。当试图不去做某件事时，我们反而会更多地想到它——这一现象被称为“矛盾过程理论”（ironic process theory）。我们还倾向于低估威胁和不好的结果，所以威胁的有效性会出奇地低。由此可见，积极目标往往比威胁更能激励人。

无论我们采用的是积极激励还是消极激励，仅仅是外部诱因看起来还不足以激励我们。

内在驱动力

诱因不能解决所有问题：我们还需要驱动力。

内部激励因素来源于人自身。它指的是不断驱动着我们的价值观、信念和欲望，与环境无关。它驱使我们采取行动，不管有没有外部奖励。

如果有一项任务与内在驱动契合，我们就更有可能开始行动，并在此过程中更加专注。内部驱动力对于创造性或需要调动认知能力的任务尤其重要，比如解决问题和创新。

每个人都有变得更聪明、更有创造性的诱因，但如果没有内在驱动力，我们甚至难以专注于手头上的工作。

虽然可能不好辨别，但事实是每个人都有内在驱动因素，我们能被许多因素驱动，包括：

- 愉悦和兴趣
- 信念、价值观和目的
- 自尊和对他人的尊重
- 自主和控制感
- 成就感和满足感
- 帮助关心的人
- 改善或保护关系

最强大的两个内在驱动因素便是自主感和社交关系。

自主感指想获得独立并自由选择的欲望。试验表明，在解决问题的任务中，被允许自由选择相似任务的参与者比没有选择余地的参与者持续时间更长。虽然选择任务并不是那么容易，但我们能够决定的一些小选择，或者对进行任务的方式的微调也可以促成动力——微观管理者通常在这方面做得很好。

除了对选择和自主的欲望外，我们还对关系有着强烈渴望——良好的社交关系。对归属感的需求是一种强大的激励因素。一般，每一个人都有强烈的动力去改善自身的社交地位和社交关系，并保护与自己在意的人之间的关系。

研究显示，当奖励和诱因伴随积极回应时，人们会更多地受到激励。另一份研究发现，员工和老板之间，关系上的一点点细微改变就能提升员工工作满意度，提升程度与加薪 30% 相近。因此在管理中，人性化非常重要。

对独立和交际的渴望支撑着我们的很多行为。它们之间并不矛盾：研究人员正在探讨关系型自主的概念。与其说互相制衡，交际实则可以成全独立，因为他人也能帮助我们实现目标。

内在激励因素具有一定私密性。任务是否符合一个人内心的信念、价值观和崇高目标非常重要。如果可以找到一种方法将行为与秉持和深信的事物联系起来，那么实施行为就会变得更加轻松。

《驱动力》(*Drive*) 的作者丹・平克这样说道：

“我们夸大了外部诱因的作用，忽视了自主、控制和目标等内部激励因素的影响。”

成功的能力

除了外部诱因和内部驱动力以外，我们还需要认为自己具备成功能力的意识。

在关于诱因和价值观的讨论中，这个显而易见的点很容易被忽略。我们对完成一项任务所需的技能和资源越有把握，就越想要执行它；反之，越认为没有把握成功完成，就越有可能放弃。

对是否有能力完成一项任务的评估取决于执行者能调动多少资源，包括：

- 知识、技能和能力
- 自我信念和信心
- 智谋或适应能力
- 社会地位和支持性关系
- 金钱和实物资产

能为一项任务调动的资源越多，就越有动力去执行它。事实上，对执行拿手任务的能力和自我效能的把握本身就有激励作用，即使我们无法从任务中获得任何好处。

在运动、音乐及学术任务等方面感知到的能力和执行动力之间存在联系。一般来说，我们喜欢使用自身的能力。

提升能力本身也具有激励作用。卡罗尔·德韦克等人通过研究发现，把成功归结为努力而非天赋的人更有可能具有坚持不懈的品行。提高技能和向目标前进时，对自己越有信心，就越有动力接受新的挑战。

脑力挑战也可以激励人。如果一项任务太过简单，你可能不会拿它当回事，甚至会为了先完成更有挑战性的任务而推迟它。新的挑战能激发人们对掌控全局或提高技能、竞争力的渴望。迎接挑战、施展能力则让人感觉良好，并增强对未来任务的掌控力。

挑战还需要把握尺度。难度太低会觉得无聊；太高又会让人不知所措，甚至放弃。把挑战控制在一个合适的难度范围，可以规避较大的压力。

如果在意的工作出现了差错，我们很可能会感到压力；而当有动力去做的事情超出了可控范围时，我们同样也会感到压力。因此，如果无法让工作感觉更可控，那么最简单的规避压力的办法就是不去在意，不予理会。

挑战的最佳强度应该是让人感觉到需要全力以赴去完成一项任务。任务越有挑战性，挑战者就越有动力，但同时也越需要警惕压力。

当然，如果不尝试，我们永远不知道能力的极限在哪里：一些伟大成就正是源于人们一开始高估了自己的能力。如果你坚信你正在做的事情，并在成功后有望获得奖励，而且你具备完成它所需的技能，那么你就可以找到从事这项任务的能量，而不会被压力拖垮。

找到动力

如果你缺乏动力，首先想想原因是什么。如果缺乏三个因素中的一个或更多，就可能难以采取行动。

当你找不到进行一项重要工作的动力，又或者你的工作伙伴意志消沉时，动力模型可以帮助你找到问题所在。

有时候问题在于缺乏内部驱动力。我们不会对不喜欢或者无法带给我们满足感的任务尽心尽力。如果从事这样的工作，我们通常会偷懒、消极怠工，因为我们只关注结果，而无法享受过程带给我们的愉悦和满足。

还有一种可能——有内在驱动力，但缺乏外部诱因。一件任务可能会给我们带来愉悦和满足，我们也有完成它所需的资源——但还是不愿为它腾出时间。究其原因，如果一项任务不能带来明确的好处，我们可能会拖延，推迟那些真正想做的事情，为当前的事务让路。我们不会优先考虑没有外部诱因的事情。

有些任务既存在外部诱因，又能够带来乐趣，也是我们所坚信和向往的，但却因超出了能力范围，我们仍然可能需要放弃。这通常是一种保护机制，避免了过大的压力。如果一项比较重要的任务超出了我们可掌控的范围，为了保护自己，我们可以对其不予理会。

每一个问题都对应不同的解决方法。找到问题的源头，离找到动力就又近了一步。

激励自己

在不动用意志力的前提下，你可以尝试以下方法来增加动力：

- **设定目标**

为自己设定现实的诱因可以让你保持动力，尤其是在一直拖延的情况下。设定目标的过程可以反映出行动和价值观之间的联系，完成目标则可以提升自主感和能力知觉。跟自己进行约定、设立犒赏同样可以帮助完成日常、无趣的工作。设定可以实现的目标也很重要：大目标是由小目标累积而成的。

- **找到激情**

如果你对一件事深信不疑，那么找到执行它的动力也会变得简单。信念不一定要高尚：你只需要将工作和你在意的事情联系起来，比如养家糊口、实现理想或改变命运。提醒自己坚持自己的选择同样有帮助。甚至一些很小的选择都可以拉近你和工作之间的距离。如果你无法改变工作，你可以尝试改变工作的方式，让工作离你更近。

- **提高能力**

练习能让你感觉更能胜任一项任务，并激励你开始行动。对能力提升和迎接挑战的感知还带来一种征服感和成就感，这同样可以增强你的动力。自信也很重要：有时候你拥有成功所需的一切资源，但你却不相信你能成功。

应该采取什么策略取决于你缺乏动力模型中的哪个部分。这里一如既往地没有标准答案，但你却有众多的选择。

激励他人

动力模型还可以用于直线管理和评估。如果团队成员感到动力不足，讨论这三个因素有助于让他们意识到哪里出了问题，并找到激励的方法。

如果你的目标是激励你的团队或公司，有一些方法可以让你运用这些原则来激励他人，这些方法包括：

- 设定清晰、可达成的目标，并给予员工一些自主权和资源去完成这些目标
- 将你的公司和你秉持的理念结合起来，然后与员工分享
- 在同事之间、员工和管理层之间建立积极、可信的关系
- 根据员工的能力、兴趣和人格相应地对待他们，尤其是在设定诱因上

清晰的目标尤其重要。如果员工不知道他们作为公司一员，或者从大局出发要做什么，模型中的每一个因素可能都会没有意义。你可以用报酬吸引员工来上班，但如果他们不清楚成功的定义和价值，只会是一具具行尸走肉。要赢得他们的心，你需要给他们设定清晰的目标。

当然，分配给员工的任务不可能总是与他们的天赋和兴趣相符，有些时候人们需要从事自己不感兴趣的工作。这种情况下，一个好办法就是解释清楚为什么这项工作对公司和大家很重要。当人们理解了一项工作背后的逻辑，就更有可能去执行它。

内化目标

我们把从外部诱因上找到价值的能力叫作内化。当你缺乏内在驱动力时，内化可以很好地提升你的动力。

内化是一种把环境中的价值、态度或结构整合到自身世界观中的过程。心理学家描绘了从环境中接受目标的三个层级：

- **内向投射**

  因外部反馈或条件而在意一件任务（“我做这件事是因为人们期望我这样做”）

- **认同**

  因任务与远大的目标有关而在意（“我做这件事是因为它很重要”）

- **整合**

  因任务与我们的身份、认知、理想契合而在意（“我做这件事是因为我是一个有爱的人”）

你越能把目标与你认为的满足和意义联系起来，就越会发现实现它很容易。这不是纸上谈兵，而是真正探寻如何完成手头任务的过程。

如果有一件事你不想做但又不得不做，实际上有一个方法或许可以帮助你提升动力。

首先，你需要找到那个让你缺乏激情的任务（这应该很简单）：你有很强烈的理由要去做这件事，并且你知道你可以完成，但它很无趣、毫无意义，也无法带给你满足。

接下来，花几分钟时间写下这件事与你的生活、信念及价值观之间的联系。这包括它对你达成目标的帮助，对你爱的人的益处，它本身的意义及伦理价值，甚至你可能乐在其中的原因。

试验表明，一群高中生在被要求进行这项简单的测验后明显提升了动力。一组高中生被要求写下科学与他们生活之间的联系；而另一组只需要总结课堂上所学到的内容。那些思考过科学在生活中的重要性的学生提高了对学习的兴趣和动力，同时也提高了成绩。

思考工作及信念与目标之间的关联有助于将外部诱因转换为内部驱动力，让枯燥的工作变得轻松。另外，对一项活动附加价值也可以增强你的自主感，使你更加努力去实现目标。

虽然这些方法并不能让你爱上你要做的事情，但把你要做一件事情的原因写下来可以减少你对意志力的依赖，使你能更加轻松地完成它。把你的外部目标和你所坚持的东西联系起来，你将会发现保持动力如此简单。

然而，如果你还是无法被激励，问问你自己：

“如果我不做这件事呢？”

如果你真的想不到完成这件事的理由，不做它又何妨？

心流状态

激励是为了达到一种心流状态——平静集中、轻松行动的最佳状态。在心流状态下，我们最专注、最高效。它来源于受到挑战却没被压垮的感觉。成功人士或企业都会尽力地保持心流状态。

设置一个清晰的、可达成的目标，完成后给自己一些奖赏；有意识地思考一下自己的信念和价值观，将任务和在乎的事情联系起来；发现自己擅长的事情并拓展能力，尤其在独处的时候。当你在执行极具挑战性的任务时，以上这些都可以帮你保持动力。

与思维的很多方面一样，动力也不是真正的科学。激励因素与个人价值观、兴趣爱好、坚信的目标，以及每个人的天赋都有密不可分的关系。一个公司很难用一刀切的方式利用起这些激励因素，多数激励手段只能对员工发挥出最多 50% 的作用。

在知识经济的时代，一个公司需要把员工在乎的事情与它自身发生联系，使员工认同公司的价值观。除了金钱以外还拥有明确目标的公司更能激励员工。要激励员工，公司需要有使命感。

黛西・尤哈斯曾经在《科学美国人》中这样说道：

“对信念和价值观的忠诚可以产生源源不断的动力。”

习惯 3

把工作
跟技能、价值观
联系起来，
以激励自己和他人。

全章总结

短评版

使用意志力会耗尽你的精力，所以获得动力的最好方式是将外部诱因、内在驱动力和成功的能力结合起来。

摘要版

动力和意志力不同。一些行动之所以感觉比另一些更困难，这背后往往是动力在作祟。动力可以让行动变得轻松。我们有很多理由去工作，但如果没有动力，工作就会变得很痛苦。

动力不仅仅来源于外部诱因，金钱和威胁也可能让人们消极怠工，无法胜任复杂的、创新性的工作。要得到真正的激励，你还需要内部驱动力和取得成功的能力。如果你的工作能给你带来愉悦，并且你对之坚定不移，那么你会获得更多动力。

如果你感到缺乏动力，通常是因为缺失了三个因素中的一个。如果能力不足，你可能会放弃，因此你需要发展技能和资源，使完成任务变成可能；如果缺乏诱因，你可能会拖延，所以你要做的是设定目标和奖赏，帮助自己继续前进；如果缺乏内在驱动力，那么你应该尝试把你的工作和生活与价值观联系起来。

获得动力的目的是达到心流状态。处于这种状态的时间越多，你就会越有创造性和高效率，获得成功的可能性也就越大。

04 应对压力

人的一生中，总会有面临压力之时。不管是在生活中还是工作中，大多数人都体会过工作多到做不完、被很多人期待的滋味。

少量压力可以让精神更集中，并激励人们采取行动。但是，压力也有负面影响。早在 1908 年，心理学家耶克斯和多德森就发现，虽然强烈的紧迫感能提升人们进行简单体力任务的效率，但反而会降低从事复杂脑力工作的效率。

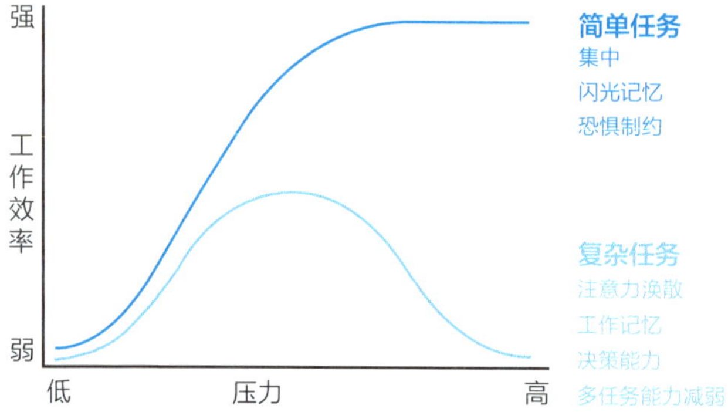

A Mind For Business

压力反应

这是因为无法处理的压力会让人感到紧张和不舒服，从而影响表现——对应前一页模型中的下降曲线。

压力反应是身体功能的一个正常部分，不是疾病和弱点。它是思维的一种应急系统和本能反应，通过让人体更迅速地对危险做出回应来保证自身的安全。

想象你即将受到一只老虎的攻击。你的压力反应会被触发，心率会加快，体内激素分泌加速，结果是你会专注于对付眼前这只老虎。你可以选择和老虎搏斗或者逃离——反应是或战或逃（fight or flight）。

然而，当我们把这一本能体系放在现代环境中时，问题就出现了，现代社会里没有那么多老虎。但老虎可以用来比喻让别人失望、错过最后期限或无法完成工作的焦虑，这些现实威胁同样会引发本能反应。

当处于遭遇老虎攻击的威胁中时，睡不着是为了保障安全，可一旦“老虎”变成了现实生活中严厉的老板或隔天的报告，失眠恐怕就没那么有用了。

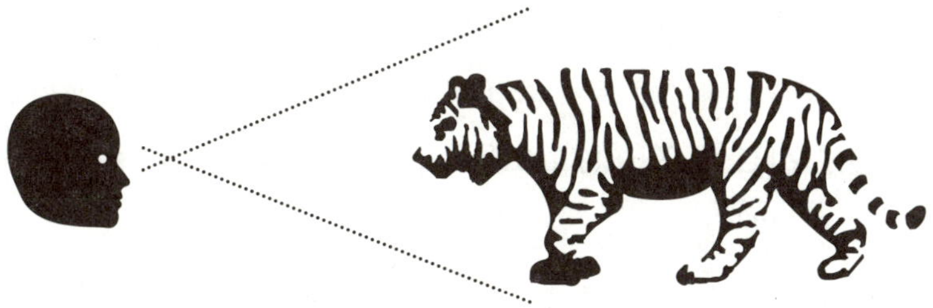

压力的影响

因压力而产生的紧张是一种身体反应，是一种糖皮质激素引起的临时刺激。这些激素会抑制免疫系统功能，并重新分配在正常情况下用于基本维护的资源。

当我们感到压力时，那些平常用于确保身体健康的资源会被用来处理威胁。在一些情况下，这是有用的。毕竟，如果“大敌”当前，会不会着凉这种小事儿又有谁在乎呢？

但是，长期处于这种紧张状态对身体是有害的，可能造成长期的健康问题，如咳嗽、感冒、心脏病和一些肌肉骨骼问题，还有可能损坏内脏。

压力还会影响思维。压力会阻碍清晰思考以及应对危机、机遇的能力。感到压力时，人的注意力会变窄，转而对威胁高度警觉。这是合理的，因为错过机遇往往好过错过威胁。如果老虎和冰淇淋货车同时出现，我们的注意力肯定会转移到老虎那边。

问题是，过度警觉会扭曲思维方式，使我们选择性地存储记忆，并影响我们对周围世界的解读。

压力还可以改变人们看待危机和奖励的方式。有时，压力让人更专注于规避风险，一味地聚焦于潜在威胁而错失了美好的事物。然而，一项有趣的研究显示，压力也可以使人甘愿承担风险，忘记自身行为可能带来的负面后果。

当感到压力时，我们选择性记得事情带来的好结果；当承受压力时，却发现很难抵抗那些不利的影响。因为在这种情况下，我们只会想起这些事物带来的愉悦（比如醉意），而忘掉了不好的结果（比如隔天的头晕）。总之，压力让人更有可能做出一些对自身有潜在威胁和危害的事情。

在商务环境中，这些太过危险的行为也是不利的。重压之下，你和你的同事将无法准确地评估风险，从而导致做出错误的判断和决策，甚至包括那些可能影响整个公司的重大决策。因此，风险管理不仅仅是好的规制，还应该包括压力管理。

男性和女性对压力的平均反应似乎也有所不同。这方面的研究者马拉·马瑟表示："我们发现，在压力下男性更可能做出有风险的选择，并更快地做出决定；而女性则更为保守，更慢地做出选择。"

这项研究还进一步证实了在团队、董事会和委员会中性别平衡带来的好处。在需要冒风险的情况下，男性表现更好；但当需要谨慎行事时，女性更有可能成功。所以团队性别越平衡，就越有可能纠正源自于压力的偏见。

压力对每个人都有不同的影响，所以很难判断它对思维产生的影响究竟有多大。重要的是要认识到，人在压力下可能无法清晰思考，工作可能会被影响。因此，当你需要做出重要决策而又感到压力很大时，最好和别人一起商讨，或者等冷静下来再做决定。当头脑冷静下来时，事情可能就会变得大不一样。

压力对商务的影响

你可能会听到别人说“压力对你有好处”。

这一说法背后的理由是，压力可以激励我们更努力地工作，达成目标。但遗憾的是，无论从职业领域中还是心理学上来看，这一观点都是错误的。压力是一种自然反应，它在紧急情况下很有用，但对我们的健康和表现有害。

当负担太重心里感到恐慌时，压力就会出现。从长远来看，这极其不利，压力对动力或认知表现没有任何好处。

如果员工有压力，说明他们感觉到了危险。这在职业上和商业上都是不明智的。缺乏安全感的员工常常会把事情搞砸。他们可能会遗忘重要事项、冒不该冒的风险、造成经济损失，有时甚至带来灾难性后果。

但我们仍然不想完全抛弃压力反应，因为这样会使我们丧失应对危机的能力。即便如此，长期处于危机的状态仍不利于健康，还会降低工作表现，所以压力需要得到管理。

给员工施加压力只会让他们变得更加愚蠢。

当人们说“一点点压力有好处”时，他们指的是压力的环境，而不是感受到压力。

适当的外部压力具有激励作用，但当我们感受到压力时，说明自身已经超负荷了。外部压力可以让我们更积极，也可以让我们更紧张。

我们为什么感到压力

许多因素都可以导致压力感，更多地了解这些因素可以帮助我们更好地应对，甚至规避压力感。

研究学者拉扎勒斯和福克曼对压力感的定义如下：

“压力感是人和环境之间的一种关系，这种关系会使人不堪重负，并威胁健康。”

压力感是一种非常个人的体验。能让一个人感到压力的事物可能不会影响其他人，而带来压力的事物也会根据每个人不同的情感状态和生活事件有所不同。让人感到压力的，不仅仅是思维和环境，而是这两者的结合。

三种常见的因素可以加重环境带给我们的压力：

- 追逐重要目标——例如安全、社会地位或获取、保护对自己重要的事情
- 社交评价——失败会招致别人的负面评价
- 缺乏控制——成功看起来遥不可及

拥有一个在意的目标十分重要。只有当环境对我们很重要时，它才能对我们造成压力。因此，通常当我们对工作很积极、热情，或非常在意同事和客户时，我们才会感觉压力很大。

对当前任务的掌控感同样很重要。我们感觉越能掌控一项任务，就越会觉得这项任务轻松。重视的事情一旦脱离了掌控，我们就会感到压力。

我们把自己对生活事件的掌控程度称为“心理控制点”。一些人的心理控制点偏向外部，即认为命运是由外部力量决定的，只能听天由命，这些人更有可能感到压力，患抑郁症的概率也更高。

掌控感只是我们对实际控制的感知。例如，乘飞机时，对自身安全我们几乎没有任何实际掌控，但空乘呼叫按钮、各类个性化机上娱乐设施以及座位后面的安全卡片，都让我们获得了超出实际许多的安全感。

因此，掌控感通常对我们有益。尽管挑战能产生激励作用（我们喜欢延伸自己的能力，倾向于接近极限，以发掘自身潜能），但如果你在工作中喜欢挑战极限，那么只要一出现意料之外的危机，你就可能感到压力。

情绪状态同样重要。情绪低落或紧张会使思维对潜在威胁更敏感。对工作的焦虑以及对过去失败的纠结，使你更有可能感到压力或一直处于压力之中。

压力反应其实是一种本能的生存机制，要在日常生活中避免它并非易事。但如果没有压力反应，你就不会知道怎样应对紧急状况，比如老虎。问题是如何在没有老虎的日常生活中调节压力。

压力信号

如果无法避免压力，我们需要学会快速识别和应对压力。

首先，你应该察觉到自己受到了压力的困扰，这样才可以对症下药。可以通过一些信号来判断自己（或他人）是否处于压力之中。

身体信号

头痛

失眠

口干

力竭

心跳加速

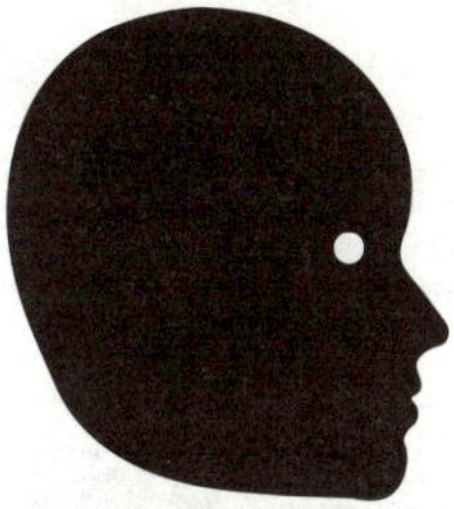

心理信号

烦躁

亢奋

激进

思考困难

失序

想一想你是如何判断自己是否处于压力中的，学会快速地识别这种状态，以便对其进行管理，要避免长期处于这种状态。

此外，如果你出现以上症状之一，很有可能你还存在其他症状。所以，如果你发现自己语速变快、难以入眠，最好检查一下你做出的决定，因为你的判断力可能无意识地受到了影响。

压力应对

一些活动可以帮助减轻压力带来的某些身体反应。运动、睡觉和休闲活动可以降低皮质醇水平，健康饮食可以让身体处于良好状态，正念也能减轻压力。

问题是，当你感到压力时，可能难以为这些事情抽出时间。压力往往使我们更加缺乏意志力，结果可能是胡吃海喝、不去健身、无法放松。

还存在另外一个问题——压力感应是一种反馈回路。只要你的大脑认为危险没有解除，就会持续分泌激素，使之充斥你的身体，保证你的安全——当然，也会加重你的危机感。

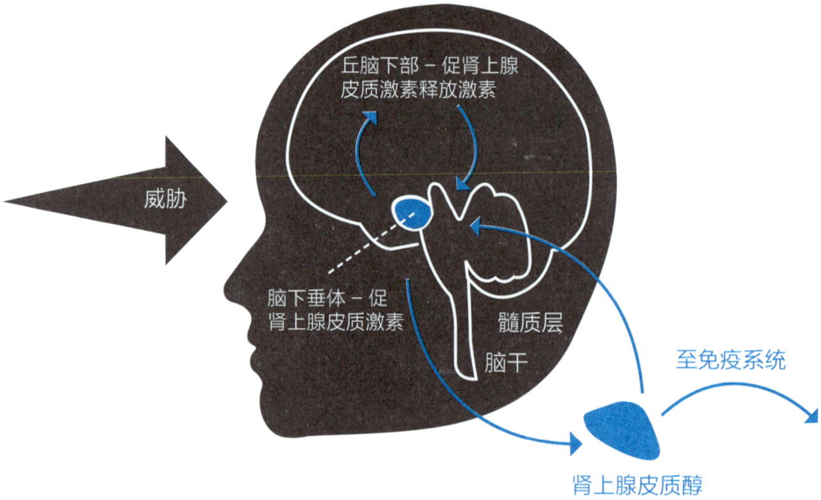

所以，即便有一些方法可以帮助减轻紧急情况下的压力症状，但只要威胁没有解除，这些症状还是会反复出现。

处理压力

我们可以从对压力的反应着手。改变面对压力的心态可以长时间减轻压力。

面对压力环境时，大脑会执行认知评估，这一过程决定着我们对压力的回应。我们对环境进行评估，然后再调动资源对其进行回应。正是这个压力和资源的平衡过程，决定了特定的环境会被我们视为潜在挑战还是潜在威胁。

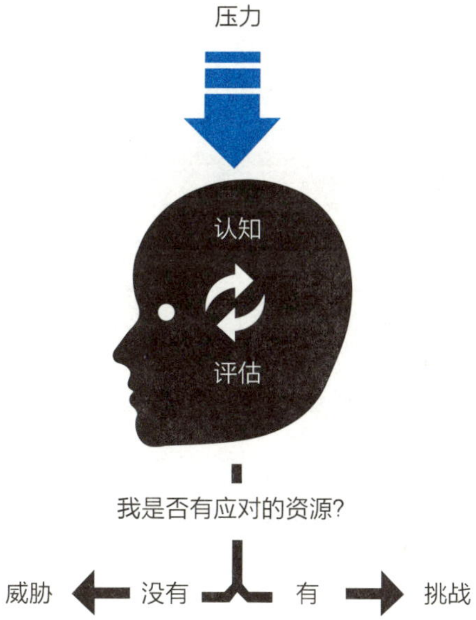

了解压力感和资源之间的关系是应对压力的关键，也是避免在生活和工作中感到压力的关键。事实上，压力研究学者斯蒂文·霍布福尔认为资源是理解压力感的唯一必要单位。

压力和资源

因此，要长久持续地减轻压力感，我们需要建立和管理用于应对压力感的资源，这样才可以把威胁转变为挑战。

这里所说的资源不仅仅指金钱和时间，而是指能调用来完成一项任务的任何东西。斯蒂文·霍布福尔对资源的定义为：可以帮助完成目标的物体、人格特征、条件或能量。

而这些包括：

- 知识、技能和能力
- 自信
- 资源和适应性
- 社会地位和支持性人际关系
- 金钱和身体资本

精神资源同样很重要。当大脑处于良好状态并得到充足休息时，我们才能更好地应对压力。所以，要保持精神上和身体上的健康。

然而，压力也许不会总在可控范围之内，这意味着，我们可能既没有应对压力的能力，也无法获得他人的帮助。

所以，建立和维护资源使我们更有把握在生活中迎接挑战。能调用的资源越多，就越能更好地应对各类挑战。

更多角度

压力使视角变得狭窄。我们往往会因为持续的压力而忽视可调用的资源，从而对自己的技能和周围的资源视而不见，甚至因此感到压力倍增。

所以，随着视角越来越窄，我们会将注意力愈加集中在问题上，死死抱住那些看得到的仅有的少数资源不放——这同时又引发了防御反应，并渐渐形成“压力大－视角窄”的恶性循环。

打破这一恶性循环并重新发现可利用资源是应对压力的有效又持久的方法。

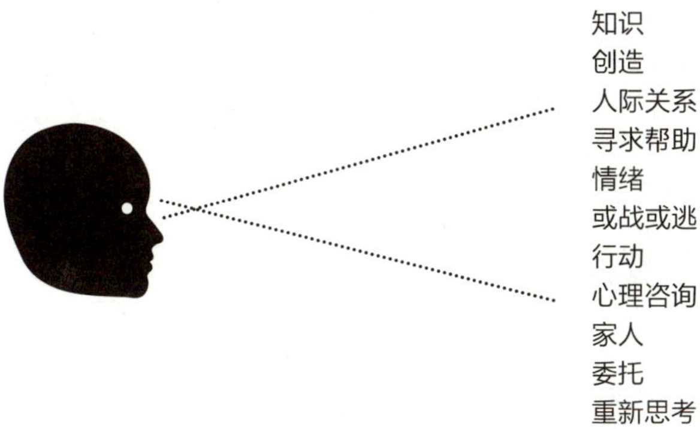

提醒自己你擅长的事情以及你拥有的那些有用的人脉和资源，可以拓展视野并让你感觉事情更加可控。

把资源画出来是一个好方法。把你最擅长的事情、你的技能、解决问题的资源用表格列出来，将注意力投放在这些资源上。当然，用这种正面的方式审视自己似乎并不容易——人们总是不习惯抬高自己——但这的确能帮我们从“或战或逃”的焦虑中解脱出来。

这种练习在你感受到压力时将会变得尤其困难，因此最好和别人一起完成。问问周围人他们认为你的长处是什么，以便发现被自己忽略的部分。你还可以问问他们为什么觉得你需要解决这个问题，以及他们能提供什么帮助。经理、同事、朋友和家人都可以在你承受压力时让你想起所拥有的资源。更令人惊奇的是，解决别人的问题比解决自己的问题容易多了。

如果能找出如何利用资源的实用建议，你也许会感觉压力更可控，并将自己的思维从压力中拉出来。

只靠一种方法当然不能彻底解决压力问题，但通过频繁提醒自己你擅长的事情以及可能会遇到的帮助你的人，就会把扩大角度变成一种习惯，并将压力转换为挑战。

弹性

一般来说，弹性表示处理事件并从低落情绪中“弹回”的能力。随着企业开始注重帮助员工更好地应对越来越大的压力，弹性一词已经逐渐流行起来。那么，一些人真的对压力更有弹性吗？

个性和压力影响之间可能存在着一些联系。压力反应是自然的，但它也可能触发其他负面情绪，给我们带来一些长期问题。感觉到压力是正常思维的自然反应，所以，这个世界上不存在觉察不到威胁存在的人。

另一个问题则是，压力感和动力是相互关联的：我们越有动力，就越有可能感到压力。就像人们越在意工作，就越有可能给自己压力。因此，我们的目标不光是减小压力，而是调动积极性并减小压力。

心理学家凯利·麦格尼格尔表示，压力对健康不利，但因压力而焦虑则更糟。压力的确不好，但心态更重要。如果我们能把压力看作应对困难的自然过程，也许会处理得更好，甚至寿命也会延长。我们也许无法避免压力，但至少可以尝试不因感到压力而感到压力。

我们应谨慎对待弹性。要求别人更具“弹性”其实是在向对方暗示问题出在他们身上，而非环境——虽然事实也许并不如此。这种要求还暗含着对方的感受是不对的意味，这非常无礼而且不利于形成良好状态。同时，这种要求还有可能被误解为感受应该更迟钝一些，然而在本质上，这同样不是一个好的品质。

智谋

谈到“弹性”时，雇主们通常指的是人们应对压力的能力。但考虑到大脑对压力的作用，“智谋”也许更能形容这种能力。

智谋指“快速找到明智方法战胜困难的能力”。任何人都可以具备这种优秀的商务品质。当在商务中需要用更少的人力获得更高利润，并在更少的时间和资金下达成相同目标时，我们需要具备更高的智谋。

关注智谋的好处在于这不会涉及评判人们的主观感受，而仅仅是要求他们有效利用资源。我们可以专注于更有效地保护并调动资源，而不是通过变得更迟钝的方式来应对压力。

学习如何利用资源应对压力是在工作中保持良好精神状态的关键。感觉到压力时，想想自己的技能和能力，问问别人你是否漏掉了什么。这种方法同样可以用来帮助他人。你可以提醒别人他们的长处，帮他们找到新的方法，以及给他们提供你的资源。

然而，教别人新的应对方法也许有帮助，但它并不能成为解决商务问题或给人们提供支持和现实目标的替代品。堆积压力并让人进行应对只是短期方案。虽然我们可以变得更具智谋和更有弹性，但总要面临崩溃的那一天。

建立资源

资源是我们成功战胜压力的工具。要减小压力，或迎接更艰巨的挑战，建立资源至关重要。

在技能和人际关系中投资：你的资源越多，就越有可能做好工作。如同在商务中投资一笔关键资产一样，你也可以采取同种策略，建立起强大的个人资源，以应对未来的挑战。

不要等到感觉到压力时再建立资源。芭芭拉·弗雷德里克森的“拓展和建立” (broaden and build) 理论显示，在乐观状态时，建立资源更加轻松。

当情况乐观时，抓住机会学习新技能、发展新关系，这样你就可以更加从容地处理将来可能面临的压力。

但请记住，我们有与生俱来的测试自身技能及迎接新挑战的动机。我们有潜力勇于完善自我，挑战极限，并将自己置身于压力的边缘。

在工作、生活中建立丰富资源和支持性关系并拓展资产有助于我们应对巨大压力，胜任更复杂的任务和角色。如果真的决心要在生活中根除压力，你可能需要习惯于拒绝和适当偷懒。在资源允许的范围之内工作是保持平静的最好方法，但这可能无法确保精彩的人生。

支持性关系

减小压力没有万全之策。压力是一种极其个人化的反应：你觉得很有压力的事情不一定会给其他人带来压力。例如，我们很多人都畏惧公众演讲，但有的人却觉得它令人兴奋并乐享其中。我们会在不同的情形下达到自己的压力极限，因为我们每个人所拥有的资源都各不相同。

管理压力是平衡压力和资源的持续过程。减压的关键在于认识到担心的事情和所需的资源，然后不冒进地设定能达成的目标。

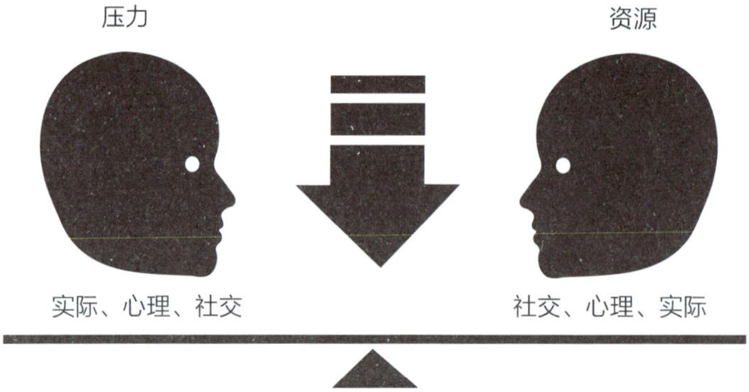

当周围有人感觉紧张时，可以通过做许多实际性的事情来支持他们。

首先，需要对相关情形有所了解并找到这种情形之所以困难的原因。因为对每个人而言他们各自紧张的来源都不相同，了解这些有助于你更加关注问题的根源。

然后，对他提供援助并分享你的资源。某件事情对你的同事来说可能难于登天，但对你却很容易，所以请提供你的资源来帮助他们，并且把他们介绍给拥有相关资源的人。

你还可以帮助周围人处理压力感带来的心理影响。通常解决方案就在眼前，但是他们因为太紧张而看不到。因此，如果你向他们提供全新视角，你就能经常帮助他们发现那些被错过的事物。

有时候，只是与他们待在一起就能缓解他们的紧张。当感到压力时，人们会想获得其他人的照料、帮助和安慰。与家人、朋友、管理人员以及同事的友好关系，都能缓解压力感带来的生理和心理不适。有时候你说的话并不重要，重要的是你是否展示了支持。

因此，当你觉得某种事物让你紧张时，不要切断与外界的联系：与他人讨论所遇到的困难，请求帮助并听取意见，你所遇到的事情最终会变得可控。

当然，压力感也会由他人带来。社会评估、缺乏控制以及令我们失望的人，所有这些总会时不时地让我们过度劳累和紧张。但如果没有这些的话，谁又能保证状态不会更糟糕呢？

恰如一位智者所言：

人是人生所有问题的起因和答案。

习惯 4

经营

你的资源和
支持性社交关系，
把**压力**转换为
挑战。

全章总结

短评版

压力能够给人激励但是紧张却不能。建立你的资源，把压力变成挑战，最终从生活中消除压力感。

摘要版

轻微压力感并不能给你带来积极影响。压力虽予人动力，但是感到压力已经表明你受到了太多的压力，并且你开始慌张了。它影响你的判断和记忆，让你盲目冒险，并且对你长远的健康有损害。

成功的企业不会通过让员工感到压力来激励他们，而是通过管理员工的技能和资源，使其能从容应对自身所面临的压力。无论我们什么时候面对压力，都需反躬自省是否我们能找到应对它的相关资源。如果能，压力就是挑战；如果搜寻无果，我们就会被压垮。

建立资源能够减缓压力感，这包括学习技能、取得能协助你工作的必要资源，以及建立好的支持性关系。我们能够利用的资源越多，事情就越可控。紧张状态会导致健忘，所以无论你什么时候感到紧张，都要提醒自己你所拥有的这些资源。

不要等到你开始为建立资源而紧张的那一天，紧张使得学习新事物和发展良好关系变得更困难。因此，请提前计划：构建并拓宽大脑思维以使自己不惧应对未来的挑战。

05 了解自我

你对自己了解多少呢？我们中的很多人都倾向于认为自己是有“自知之明”的，我们知道自己的优势，并且能够预测出自己在不同的情形下该如何反应。

的确，有自知之明是判断一个人是否成熟的典型特点之一。人类也属于仅有的极少数能够利用镜子可靠地认清自己的物种之一。

自知之明非常有用，它能帮助我们识别出自己的优势，预料到自己的反应，理解自己对他人造成的影响，并且能够更精确地评估自己的事业。简而言之，自知之明使我们能够对自己本身、生活和工作更具掌控力。

但自知之明会令人感到不舒服：意识到自己不良的品行是令人不悦的，尤其是当我们无法轻易改变或者管理这些品行的时候。应对自知之明的技能是检查（而非评判）你自己，并且留意你在许多情形下的所思、所感和所为。学习这个技能的最好方法就是去研究人格。

A Mind For Business

人格心理学

人格研究就是对个体差异的研究。不同于大多数心理学和神经科学的集中研究人格共性，人格研究的关注点在于人和人之间的差别。为什么两个相似的人在不同的情形下反应是如此的不同？为什么一个人茁壮成长而另一个人却苦力挣扎？

从医学史早期开始，对人的研究就围绕这个问题展开。在五世纪，希波克拉底——古典医学的创立者，提出人格是人身体中四大“体液”作用的结果。多血质让人更热情和更易冲动；黏液质让人易于满足或者懒惰；胆汁质让人富有野心或者侵略性；抑郁质则让人感到悲伤或者变得内向。

这种模式当然是陈旧的，现在也不会有心理医生通过水蛭疗法（吸取体液）去改变人的心情——但这四种体液所象征的人格特征如今却仍然被引用。我们把悲伤的人称作忧郁，把欢快的人称作乐观。

二十世纪人格心理学的出现激发人们去寻找一个可靠的、以证据为基础的模式用以测量和预示人格。人格心理学的研究贯穿于生活中每个人的思想、情感和行为，去确定是什么把我们与我们周遭的人区分了开来。

人格是商务中非常流行的概念之一。更多地了解自己及同事的人格除了能作为一项有趣的智力练习外，还有许多其他的好处。

在商务中，人格研究主要用于预测和解释人们的行为。对某个人的人格有所了解有助于分配任务的准确性，并有效地对其进行管理。人格心理学也能帮助我们挑选合适的员工、发展个人天赋，并且建立成功的团队。

对人格有所了解能助你：

- 保持身心健康
- 选择正确的事业和职业角色
- 与同事更友好地合作
- 更好地挑选、支持和管理员工
- 组建平衡和全能的团队

与这么多事物都利害攸关，人格研究已然成为心理学家关注的一个热点话题，同时也是过去几十年来引发众多争议的一个领域。

人格是个宏大的问题。

特质，不是类型

最流行的人格理论当数曼布二氏类型指标。它以心理分析师卡尔·荣格的作品为根据。

许多人发现曼布二氏理论对开启关于人们之间的差异的对话有所帮助。但如果你想要一个可靠且即时的行为预测模式，这理论就有点鞭长莫及了。人们似乎在不同的情况下测试出许多不同的结果，并且关于测量方式本身也还存在诸多问题。曼布二氏理论的定义也已经被质疑，比如“思考者”与“感受者”的差别，这并不符合我们对心理的现行理解。对该理论的描述听起来很有说服力，但这些描述却并不像其表面呈现出来的那么一致和有价值。

关于曼布二氏理论的另一个问题是，它把人划分为各种人格“类型”。人格的变化遵循一条正常的分布曲线，大多数人分布于这条曲线的中段。通过划分类型，曼布二氏理论将分数相似的人进行武断区分——因此你最终被划分的“类型”可能会与和你相似的人完全不同，只因为你俩的分数刚好落于曲线的两侧。

在过去的数十年当中，人格“类型”的研究已渐渐让步于人格“特质”。神经科学家科林·迪扬把人格特质描述成“知、情、意、行组成的相对稳定模式”。

当对人格进行测量时，这些特质容许发生较大的变化，个体之间也被容许产生更为复杂的联系和变化。我们可以对个人进行一个较长期的趋势和变化的测量，而不必把他重新归纳为某种不同“类型”的人。

人格特质是人们行为中一般性和持久性的趋势，并通过对长时间内的所想、所感和所为的研究而得以展示。

例如，某个人频繁地展示出一种“高兴”的状态，这就能表明一种潜在的积极性“特质”。

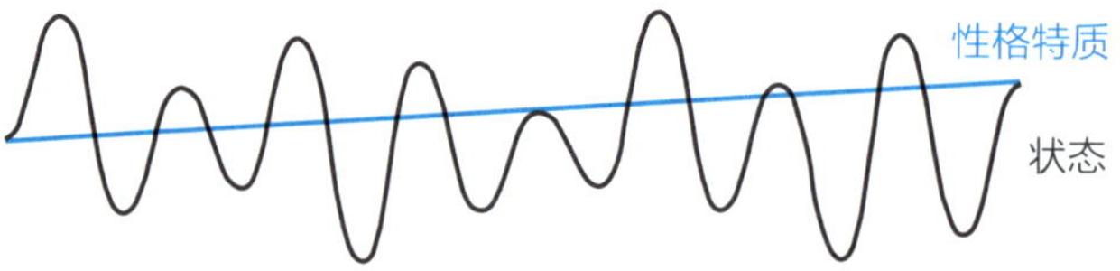

当然，人格特性远不止这些：我们每个人都是自身文化适应和个人经历的产物。教养和本质都很重要。人格特质不会告诉你你是谁，它们只是描述哪些事情会自然地发生在你身上。

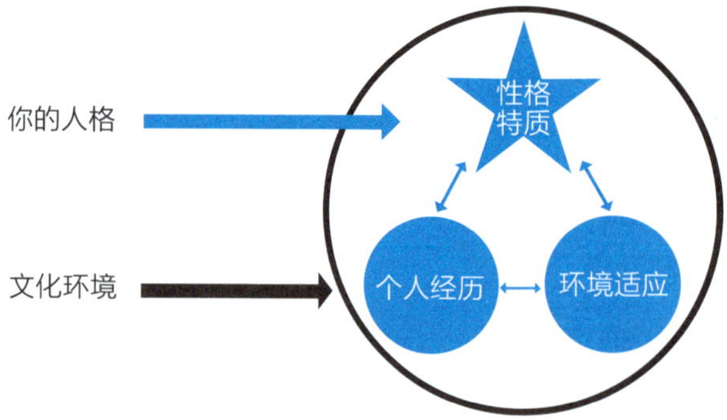

但人格特质对发现行为中的潜在模式有帮助。它们展示优点和缺点，预测那些让你感到舒服或不舒服的情形，并且帮助你弄明白为什么自己是现在这个样子。

大五人格特质

关于被最广泛研究和大范围应用的人格测量模式，势必要提“大五”（Big Five）特质，它也作为“五因素模式”而著称。

大五模式集结了总共数十年的人格研究，旨在构建一种综合模式来鉴别出那些核心、独特和显著的人格特质，并定义出基本人格。

不过这个模式也仍然存在一些问题。心理学家丹·麦克亚当把这五大特质称为“陌生人心理学”，因为它们处理的仅仅是可观察到的特点，而不是更深层次的价值观。因此，很可能并非像我们曾经认为的那样清晰明了。

尽管如此，大五特质目前仍然是用以分析和预测行为最被信赖的模式。它似乎与当代神经科学的研究保持合理的一致。如果你想要一个以实验证据而非轶事观察为支撑的模式，那么“大五”就是你能拥有的最好体系。

人格通常通过问卷调查的形式被测量。这依赖于被问卷者的诚实回答，或者还有一些客观的测量方法，诸如罗夏墨迹测试或脑化学的生物计量措施。但实际上，性格趋于主观性，所以问卷调查仍然是评价某人在特定环境下所想、所感的最好方式。

大五人格测试卷比某些传统的商务心理测试卷更难找。你可以使用合适的五因素模式版本，或者在网上找到大五性格测试的基础免费版本。要知道，在对使用的模式稍有了解的情况下，测试效果最好。因此，在你进一步了解之前，你应该考虑给自己做一个测试。

大五人格特质示意图如下：

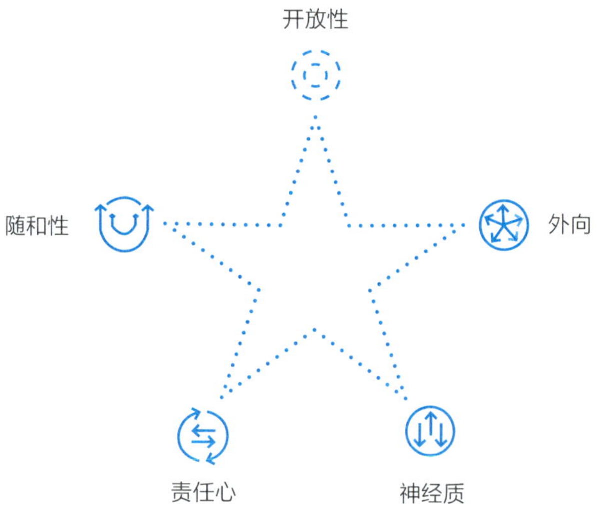

这些特质没有优劣之分，只是显示了最适合你的具体任务和环境。你在每一种特质对应的分数显示了你对某种反应类型的偏好。如果某种特质得分较低，那并不意味着你缺乏相关的人格，而是你展示出了相反的人格特点。

接下来，让我们一一阐述这五种人格特质。阅读时，请考虑你展示每一种特质的强度，然后你可以将测试结果与你对自我的看法进行比较，看看有何差异。

开放性

开放性是人们在新观念或经历中发现乐趣的一种能力，是想去倾听新信息的一种意愿。

开放性比较高的人更倾向于有好奇心、有想象力、有洞察力，常常更具艺术美感，并倾向于有宽广的智力兴趣和不同寻常的思维过程。他们更能意识到自己的情感，且擅长自我反省和自我分析。

开放性较高的人易于吸收新的观点并且不断地改变自己的想法。当然，他们也会迷失在抽象世界和理论中，甚至发现难于坚持做同样一件事。

那些在开放性一项得分低的人可能更保守，倾向于选择更实际的活动来对概念进行抽象处理。他们会更传统，拒绝改变，并且总是选择一些简单的、直接的和效果好的做法，而不愿尝试那些新的、复杂的和微妙的。

高开放性与人们的智力以及学习的能力和动机有关。较为开放的人群在研讨与训练方面表现出色，并且倾向于坚持终身学习。他们也善于发现并利用复杂的信息与经验模式，以此提升在创新和分析方面的能力。

低开放性是一个稳定的因素，并且对维护一致性和社会关系及保存资产都有益处。然而，高开放性跟智力及创造力相关，并且一般被认为是工作中的有利条件。

责任心

责任心是把事情处理正确的一种欲望。

在大五人格因素中，责任心暗指高质量工作的一种渴望，也是自律、提前计划、能集中精神和拥有责任感的一种渴望。责任心与组织性、系统性密切相关，也与责任驱动、组织、目标导向有关联。拥有强烈责任心的人可能会演变为工作狂、完美主义者和强迫症患者。

责任心水平反映出个人控制和引导自然冲动的程度。那些责任心过低的人通常缺乏纪律性，不值得信赖，但却能更率直并更好地处理不确定性。不要把责任心与取悦他人的意愿（随和性）相混淆，或与对失败的敏感性（神经质）混为一谈，尽管血清素系统似乎与这三大特质均有关联。责任心与神经过敏的结合有时可能导致完美主义。

用大五人格特质预示工作中的成功因素时，责任心似乎是最受信赖的特质。有责任心的员工更加勤勉，令人信赖，尽管他们也会在动荡中挣扎，然后发现自己更难失业。

相反，极低的责任心与缺乏自控、反社会行为、学业成绩差以及寿命缩短都有所关联。

外向

外向不仅是善于交际，还关乎个体对外在奖励与心理报酬的敏感程度。

外向与多巴胺系统相关，并且涉及个体寻求自身之外的愉悦，包括在社会情境下。外向的人有精力、有热情、敢独断、开朗健谈，但是在极端的情形下也会变得飞扬跋扈并且很难独立。

外向的反面——内向，与害羞不一样，它指的是对孤独活动的享受而不是对社会情境的害怕。一些评论者也辩称内向与外向并不完全相反，而是可能并存，并且用了“中间性格”这个词语来对其进行描述。

外向的人倾向于更快乐，并且拥有强烈的积极情感。然而我们尚不清楚这是因为强烈的积极情感与经历所带来的愉悦，还是因为这样能让他们更轻松地融入当今社会。此外，神经高度外向与敏感的人也可能像坐过山车一样，会出现情绪的剧烈波动。

外向的积极面意味着它在传统上被认为是许多管理与销售角色应具备的一种有利条件，内向却与学术及特殊技能专业挂钩，因为内向的人喜欢独自工作。然而现实中，外向的人在团队中的表现却并不如人们期待的那么好，并且苏珊·凯恩已经在她富有影响力的著作《安静》中创作了一个热烈和令人信服的案例来体现内向的价值。

随和性

随和性是个体支持他人并在彼此的关系中寻求融洽的欲望。

高随和性与懂得感激、原谅、慷慨和同情有关。随和的人倾向于利他主义，并且有良好的人际关系。他们值得信任，懂得体贴，热切关怀他人，但是也更少去评判别人的看法。

随和的人群倾向于比周围人群更少武断，因而他们可能会在外向方面得分较低。一些研究表明这可能是因为睾酮的影响。睾酮提升魄力但也能削弱随和性。然而尚不清楚为什么女人比男人在随和性上得分更高。

低随和性的人群会对他们的目标专一，并且对待工作决不妥协。但是，他们也会多疑且不友好、不合作。如果他们同时具备强烈的责任心，他们就会追求更高的标准和原则，甚至以得罪他人为前提。他们也很可能对糟糕的观点提出直率的批评。这或许是做出决定和发挥创造力的有利条件，但不大可能成就一位好的调节者。

随和性会变成团队中的一大优势。它能让你最大可能地得到一份工作并且保住饭碗，但相比那些更加武断的同行来说，你可能会较难提升到领袖的位置。似乎随和的人带给团队的价值经常被管理者忽视。

神经质

神经质是个体对威胁及消极情绪的敏感性。

高度神经质让我们更谨慎，对批评与惩罚也更敏感，并且害怕让人失望。同时，它也跟情绪波动、焦虑、沮丧有关。因此，神经质人群需要管理好自己的情绪，以让心情舒适。

低度神经质也与情绪稳定、高血清素水平及应对消极经历的恢复力有关。然而，这与我们常常感到的愉悦状况不一样——愉悦与外向有关，它让我们有更低的敏感性，更少地感到沮丧。

大五人格特质中神经质非同寻常，因为属于少数人想拥有的一大特质。确实许多心理学家已经在寻找适合这一特质的可供替换的标注词语，正如该词所暗示的“大脑错乱”一样，该词总是被蒙上污名。

然而，神经质也会具有一些重要价值，尤其是在团队表现中。高度神经质的人会更谨慎，且很可能绕开风险，这能动态地平衡一个具有侵略性或高风险的团队。另外，他们也会更倾向移情于那些情绪上备受煎熬的人们。

由于对失败的敏感性，神经质也与增强的内驱力与生产力发生关系，例如在团队中不让同伴失望的强烈意愿也会是一种有利条件。

人格神经科学

对人格神经科学的研究是把人格特质与神经生物学进行关联的一个开端。

根据一种新兴的理论框架，影响神经的重要化学元素有两种：

- **多巴胺**

  多巴胺是连接奖励与愉悦情绪的神经递质。对多巴胺的敏感性似乎与“可塑性”及探索、找寻新事物的能力相关。多巴胺系统可能与开放性以及外向性相关联。

- **血清素**

  血清素是连接快乐与情绪调节的神经递质。这似乎与“稳定性”相关联，这关系到调节思想、情感和行为的能力。血清素也与责任心、随和性以及神经质相关联。

在人格神经科学研究的早期，我们在对这些化学物质引起人格或仅仅是促进人格的讨论上很少能达成一致，但我们开始从生物学上解释“我们是谁”这样的问题。可能像经典哲学家们曾经认为的那样，我们的人格取决于化学物质。

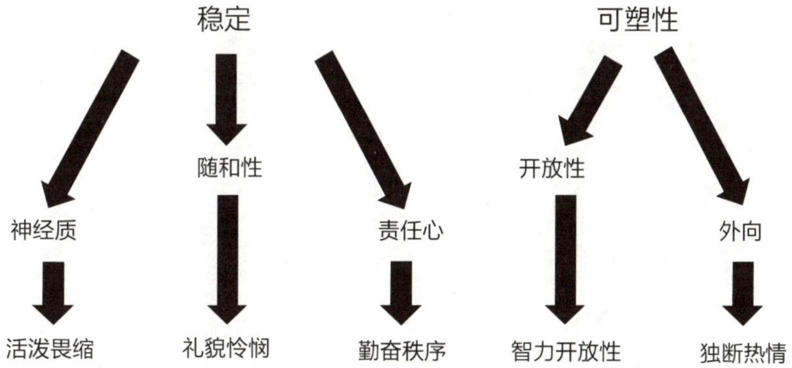
稳定
可塑性
随和性
开放性
神经质
责任心
外向
活泼畏缩
礼貌怜悯
勤奋秩序
智力开放性
独断热情

你能改变人格吗

基因影响人格。一项评论总结出所有五种人格特质都被广泛地遗传，如下：

- 开放性：57%
- 责任心：49%
- 外向：57%
- 随和性：42%
- 神经质：48%

然而人格特质确实在生活中发生着变化，并且也会因人生中一些重大的事件而改变。我们可能很难想象自己在未来有什么不同，但实际上未来的变化超乎想象。

- **增强开放性**

  去做填字游戏和模式识别的智力拼图，学习逻辑与推理，并且为音乐与美术抽出时间。

- **增强责任心**

  寻求一个能实现个人抱负的事业并且在人际关系上投资你的时间。

- **增强外向**

  与他人度过愉快的时光，尝试新的事物，并找到对你有好处的工作。

- **增强随和性**

  尝试情绪智力的训练或者修习慈悲观，与喜欢的人一起度过这段时间。（如果要减弱随和性，尝试独断性训练。）

- **增强神经质**

  主动地管理自己的情绪并寻求一个能实现抱负的事业，以及一个长期的令人满意的人际关系。

责任心与随和性可能逐年递增，但是外向与神经质却逐年递减。

在人格允许的范围内工作

无论你有哪些人格特质，都不要担心。这些特质就自身而言无所谓好坏：它们揭示了人格的基本倾向以及那些最可能令你感觉舒适的环境。

人格并不会限制个人的行为方式，它只是预测日常行为模式以及那些自然发生在个体身上的想法与活动。

了解自己的人格有助于你选择恰当的工作，发展技能的同时保持身体健康、改善人际关系。它还能帮助你避开那些令你觉得困扰的角色和状况。

当然，在工作中，不论我们是想努力变得更具责任心，还是去从事新的挑战，总会遇到一些与我们人格相悖但却有益的情况。以与人格相悖的方式去行动是可能的。内向的人也能变成出色的公众演讲者，就像随和的人也会因为被逼得太紧而发怒。如果人格中的某一方面阻碍了你在某种情况下的表现，你可以压制它。

当然，如果可以，还是在人格允许的范围内工作，尽量做到扬长避短。违背人格而行需要耗费太多的精力。如果我们一直被迫地违背自身意愿而行，就很容易产生认知疲劳——耗光了所有本来可以更好地用于任务本身的脑力资源。

只在自己觉得有迫切需要的时候才做人格范围之外的工作。要记住，在适合自然人格的情境中花费的时间越多，工作就会越充满能量。对你还有你的同事而言，都是如此。

实力型文化

人格心理学揭示，对某个人有效的东西并不一定适合所有人。不论是员工、同事，还是管理者，越多了解他们的人格，就越能准确地裁量出与他们每个人融洽相处的方式方法。

以下一些方法需要牢记于心：

- **设定奖励**

  外向的人更有可能被称赞及外在性的奖励所强力鼓舞，但这对内向的，或具有强烈责任心的人却收效甚微。后者会从对本职工作的自豪感中得到更多动力，随和的人和高度神经质的人则会因为不让他人感到失望的强烈意愿而受到很大激励。

- **传递批评**

  高度神经质人群对批评与惩罚更敏感，所以对他们需要用柔和的方法，然而外向人群对负面性回馈的注意则少得多。随和性人群则会同意你的任何看法，即使评论得有多么不公正。

- **管理改变**

  强烈责任心或高度神经质人群会觉得改变很困难，并且需要一定的支持和确定。然而，与他们相反人格的同伴则能更好地处理改变，但可能在计划性工作上做得不如他们好。

无论你正在应对顶头上司、合作客户，还是公司同事，都应该考虑到他人的人格特质能帮助你更好地了解对方。不存在一个万能的方案会对管理和激发他人都产生效果，因为同样的因素会对不同的人造成完全不同的影响。

努力地去裁量适合不同人的不同方法。公正并不意味着要用同样的方法对待每个人。

基于人格去招聘

许多雇主都运用人格测试去为相关的目标职位挑选合适的员工。这样做有许多的优点：比如大五人格特质模式能够预示出应聘者的各种潜在资质，包括他们对细节的注意力、对不确定性的反应及如何才能让他们更好地被管理。

然而你需要记住潜在的一些风险。人格测试并不是一类明确的科学，甚至在许多优秀的测试中，测试答案也会根据人们的情绪及语境而发生变化。也不排除应征人员会不诚实地回答相关问题，给出一些雇主可能想要听到的答案。

另一个问题在于，决定哪些人格特质应该优先。在我们的文化中泛滥着一种陈词滥调，告诉你哪些类型的人才会成为一个伟大的领袖，或者一个了不起的研究员，等等。如果你要挑选人格特质，请仔细考虑你提供的职位需要哪种特质才能胜任。内向的人总是能成为伟大的领袖，随和度偏低的人也会对团队有所好处。人们的特质潜力无穷。

你也会倾向于选择与自己有类似气质的人群。但如果你正在选择特定的人格特质，那么尤其要小心不要在商务中集结与你思想类似的人。否则，会最终陷入某种“集体思维”——一种狭窄的思维境地，导致你无法吸引那些不适合团体特性的人。

如果你想要理解客户、员工，并且想要产生更开阔的一些想法，找出那些能补偿你团队自然特质的人就很重要，而不是简单地对某些特质进行一味地加强。

神经系统多元性

神经系统多元性是相对新鲜的一个词语，它强调特定心理和神经质特点的价值。一些进步企业正在使用这个词语把心理上的健康以及幸福与他们在多元性及平等性上的策略相联系起来。

尽管在临床领域有特别的起源，但“神经系统多元性”也可以被延伸至在公司里达到一个真诚的思维平衡所需的多样性格特质和认知模式。

我们知道技能、经验、年龄、性别、文化背景以及种族的多样性能提高一个企业的表现，因此，也应该考虑为自己的企业引入神经系统多元性。

例如，技术团队与专业公司会对内向性人群有所倚重，而外向性人群则并不适合。反之，销售团队会由外向性人群所主导，他们更擅长处理不确定的因素，但同时也难以为安静和有责任心的人群提供空间。

在你的企业中广泛发展性格特质的多样性能够填补能力结构上的空白，从而打下更具多样性的客户基础，并使你成为一个对人才更具吸引力的雇主。记者哈维·布鲁姆辩称，神经系统多元性与生物多样性对人类同样的重要。毕竟：

“在任何既定时刻，谁又敢说哪种连接方式能证明是最好的呢？”

习惯 5

在你的**人格**
能承受的范围内
工作，以保持舒适，
并且
保存你的**精神**能量。

全章总结

短评版

学习大五人格特质能帮助你识别自己的优点，并把精力集中在那些自然发生在你身上的事情。

摘要版

在众多的人格模式理论中，最具活力、最被心理学家广泛使用的是大五人格特质模式。它能用来识别人们行为中的长期趋势。对人格有所了解能助你识别出自己的优缺点，并促进你与他人更好地协作。

开放性和外向性与我们所接受到的周遭世界的激励有关。开放性高的人群总是对新观念产生好奇，而外向性人群则会去寻找来自他人的外在奖励与满足感。

责任心、随和性和神经质都与内部的满足感有关系。有责任心的人会被“做正确的事”的信念而激发，无论从职业道德还是专业方面。随和的人群能够促进人与人之间关系的和谐。高度神经质人群则会更容易被负面情绪所影响。

并不存在所谓正确的人格：所有的特质都有积极方面。然而背离人格特质去行动会令人疲惫，因此最重要的事情就是去识别自己在何处感到最舒适，并且把精力聚焦在优点上，让自己在工作中变得更成功。

06 训练思维

人类思维是进化出的最先进的生物系统，而你就对其中的一个负责。然而有时你也能感觉到思维在控制着你。如果你的思维敏锐有力，就能在生活和工作中得到更多成就；如果你的思维缓慢而受限制，相应地，个人发展也会受阻。

这就解释了为什么需要花费如此多的精力、金钱来改善思维。在学校，学生学习新技能，改变自身习惯并接受新的挑战；在公司，有专门针对员工及管理层进行的专业培训；对个人而言，也有投资于自身的个人及专业成长项目。由此可见，训练思维是最受欢迎的消遣方式之一。

思维也是人类特别擅长的事物。学习和适应改变的能力把人类推向了这场进化革命的顶端。从记忆冠军到演奏会钢琴家，历史上总是不乏关于思维的那些非凡事例。

然而，思维也具有一定的限制。神经心理学中最著名的一个辩论就是怎样把自己训练得更为聪明，以及聪明到何种程度。

A Mind For Business

智力

二十世纪，人们广泛认为大脑的容量从一开始就是固定的，且大脑有很强的学习能力和适应能力。现在的看法有所不同：基因与教育塑造了神经的发展，但是大脑持续变化的状态会贯穿人的一生。

然而心智能量的某些方面似乎是固定的。用来描述这种能量的最恰当的词语就是“智力”，即回忆与处理信息及获取知识与技能的潜在能力。

许多研究表明，智力可以很好地预示教育与工作中的成功，尤其是对更复杂的角色而言。一项由美国心理协会开展的智力研究评论总结道，智力测试看起来有效并且在预测智力和未来的成功方面存在价值。

然而智力也会成为一项敏感的话题。正如个性一样，它指那些非常基础的但似乎可以限制人们作为的某些东西。我们中的许多人尤其是男人，倾向于高估自己的智力，不得不说意识到这一点确实令人有点沮丧。

可能正因如此，让每个人都在如何测量智力方面达成一致有点困难。伦敦科技博物馆的罗杰斯·哈菲尔德称：“用‘运动商’来比较长跑手与短跑手显然够荒唐。”对此，医疗研究委员会已经设计出新的智力测试，而他们宣称这些测试会改进现行的标准化测量体系。

甚至在智力测试的早期，心理学家埃德温·波林就辩称智力就是“对智力的测试”。最流行的智力标准之一来自于心理学家霍华德·加德纳，他提出七种智力类型：音乐节奏智力、视觉空间智力、语言智力、数学智力、身体运动智力、人际交往智力及内省智力（后期还添加了自然主义智力及道德智力）。

加德纳的理论存在一些道理：我们都认识一些在艺术上出色但却在数学方面表现糟糕的人。然而，他的理论也受到广泛批评，尤其是这一理论不能解释为什么一个在某领域表现出色的人也倾向于在其他一些领域展现出才能。

事实上，智力测试背后的整体概念就是，人们在一种技能上得高分也倾向于在其他技能上得高分，这表明了潜在“脑力”和“一般智能”的存在。

例如，有种智力测试叫作韦氏智力量表，测试了一系列的技能：

- **言语理解**：定义并在言语、常识与记忆事实间建立联系
- **知觉组织**：发现模式、序列，记住差别
- **工作记忆**：能同时记忆的事物的数量（下文详解）
- **处理速度**：注意力能够快速地回忆信息与处理问题

虽然这些测试看上去各自独立，但通常在一个测试中得高分的人也会在其他测试中获得高分。无论你正尝试去做什么，拥有高智商总是很有帮助。

这就是关于一般智力的理论。就好像一台拥有强大显卡但是却使用着慢速中央处理器的计算机，我们能训练一些技能上的思维能力，但基础的心智能力仍会促进或限制我们所做的一切。

提高智力

有个关于智力的坏消息，那就是提高智力非常难。智力部分会被遗传，并且它反映了大脑的物理大小与结构。然而，智力提高已经成为一个庞大的研究领域，并且持续激发着热烈的争论。

关于智力提高，“大脑训练”游戏能够很好地说明这一点。数学问题及记忆游戏等基本思维任务能像训练肌肉一样训练人的思维。这些任务也会让人变得更聪明，就如同举重那样让你变得更加强壮。

然而尽管脑力训练游戏很流行，但却很少有证据能说明它们中的大多数能提高智力。BBC 伦敦脑力测试工程的艾德里安·欧文博士进一步对其做了总结：“结果很明显，脑力训练的效果仅仅相当于你连续使用六周互联网。”

这种训练能帮助你提高某项具体技能，但训练效果却不能转移到其他方面。就好比做填字游戏使你更擅长填字，但并不能使你擅长其他东西；又或者，学再多的意大利语也不能让你在钢琴方面有所成就。

当然也有一些例外。比如，在网上能免费做的“双 N 回任务”看起来的确能增加流体智力。越来越多的证据显示，正念训练能帮助人们更好地完成智力及记忆任务。

然而，我们尚不明确这些活动是否能提高智力，或者仅仅是对其进行了更有效的利用。对智力的训练还处于早期探索阶段，因此在该训练中仍然可能存在一些个人限制。至少到目前为止，对智力是否能提高还没有定论。

如何学习

然而，思维不仅仅包含智力，还尤其善于适应变化和学习新技能。我们把这种神经的适应过程叫作“学习”。因此，如果想要训练思维，学习是最好的方式。

学习会有许多不同的方面，每个方面都依赖于思维的一个不同的部分。因此，如果你想要改善学习的方式，有许多方法可以尝试。

- **工作记忆**

  它保留你现在能做的任何事情的记忆。维持心智能量、对事物进行小块化学习以及留心注意，都能最大限度地利用工作记忆。

- **外显记忆**

  它保留知识与经验以备将来回想用。要改善外显记忆可从更好地集中注意力、对记忆进行回忆反思以及知识建构入手。

- **内隐记忆**

  它保留你的技能、习惯和一些下意识动作。集中且有规律性地去练习新技能，并找出建立新习惯的线索与奖励。

心理瓶颈

工作记忆是有意识地同时维系对许多事物记忆的一种能力。凡是一分钟内记住的任何事物都储存在工作记忆中，比如大脑中瞬间出现的数额或者一抬头就看到的商标。

工作记忆也能让你在读完一句话的时候记住句子开头的部分。

工作记忆很可能是潜在“脑力”最明显的方面。它被用来进行各种有意识的思考，并且参与到了学习技能、权衡决定和解释思想观点的过程中。实际上，没有工作记忆你几乎不可能做你想做的事。

然而，工作记忆是有限的并且容易超载，因此它带来了一个瓶颈：让学习新事物变得困难。如果你跟不上谈话思路或记不住所有不同的决定因素，有可能是工作记忆在阻碍你。

保持心智能量水平，使思想免于紧张、焦虑、多任务以及其他易引起分心的事物，这能助你最大限度地利用工作记忆。不过想要跨过工作记忆的某个点却很有难度，由于我们自身的限制性：传统研究表明，大多数人只能同时在思维中记住七样事物。虽说智力因人而异，但每个人的思维都存在瓶颈。

“心理瓶颈”的概念有助于理解智力如何工作。一个人的智力越高，他就越能接收更多的概念，更快地学会事物及综合出更复杂的信息。但智力与能记住多少东西或者思维能被怎样训练并无关系。智力对处理大量的信息很有用，虽然不能保证你永远正确。

放松瓶颈

“组块化”能帮助我们突破工作记忆的限制。组块化通过把复杂模式分解成小模式来帮助我们处理瓶颈。把事情化成小块然后将它们联结在一起，我们才会记住更多。

例如，记住下列字母的顺序：

heietoraeobqtsuontnthiobteostt

你会发现，记住这些字母的随机顺序的确很难。它们没有含义，彼此之间没有联系，因此你只能尽量把它们记在脑海并祈祷记忆不会出错。

现在，尝试记住下列字母的顺序：

‘To be or not to be,that is the question’

这二个序列中都包括同样的字母，但是由于第二个版本由单词组成，并且带有语法结构，或者因为它对你有含义，所以你能更容易地去识记并且知道自己已经把它正确识记。这就是我们的思维如何去记忆的方式，我们赋予事物意义来让它们更好记。单词词组、和弦音阶、记忆术和“记忆宫殿”，甚至是故事片段都是“记忆组块”的例子。通过划分小块再联结小块的学习事物的方法，你能学到比预想中还要多的东西。这并不难，而且对每个人都有用。组块化是训练思维的一项很强大的技巧。

记忆（由这些组成）

组块化能更容易长期地记住一些信息。记住超过一分钟的事物都是长期记忆。

知识与经验都保留在外显记忆中。

外显记忆有二大分支：首先是语义记忆，用来处理事实、地点和观念的知识；其次是情景记忆，用来储存记忆事件和那些发生在自己身上的事情。

这两大分支是相互紧密联系的。打个比方，这本书给你提供了了解世界的一些概念来训练你的语义记忆。如果把这些原则应用在商务中，你就会通过情景记忆记住发生过的事情。

长期记忆不仅仅是一份数据档案：它是我们经验和联系的思维框架，用以翻译与解释这个世界。我们通过记忆来组织思维，根据以往记忆来建构我们的“思维类别”，以弄清楚我们生活中的事件。

打个比方，国际象棋大师见过的棋盘排列已经多到他们可以很自然地知道下一步会发生什么。他们通过熟练地记住象棋盘排列来训练自己的思维，以至于改变了看待象棋的方式。正如一位作家所言：“用原来的见解去理解新的经验和思想能帮助学习者建构他们对世界的感知。”

学习能够改变看待世界的方式。一项研究甚至表明：“如今长期记忆已经被看成人类认知核心及占优势的结构。我们所看、所听及所想的一切特别依赖于长期记忆并且被其所影响。”因此，如果想改变思维，就先试着改变记忆吧。

改善记忆

一些研究者认为记忆是无限制的，并且它能记住曾经所经历的一切。我们似乎确实能记住那些看似不能轻易回忆出的事情。假设你被要求写出这本书所有的章节标题，你可能无法办到，但如果回头看看目录，大多数标题对你来说都是有印象的。

但我们不能总是依靠精确地回想事情来勾起记忆。反复回想的记忆会随时间发生变化。我们可能记住一些从未发生的事情并且对记忆有所选择，忽略掉那些与自己的版本不相符的部分。著名心理学家丹尼尔·卡尼曼曾评论道："如果一件事没有一个连贯的线索，我们倾向于相信它没发生过。"人类记忆并未呈现出像计算机一样的工作方式。

自由回忆很难，因此回忆的最好方法就是找到一个记忆线索。比如，一些让你想到其他事情的头绪，或者一段与自己生活中的特定片段联系在一起的音乐。像味觉、嗅觉这一类感知性线索也是特别有效的。除此之外，情绪也可以充当记忆线索，因此，特别紧张的情绪体验，无论好坏，都会变得更难以忘记。

因为记忆之间彼此的互联性，一些记忆会唤起另一些记忆。就好比用已有的知识去组织新的知识，因此学习和联系的知识越多，就越容易回忆出学过的知识。甚至，记忆也有专攻。思考一下你需要好好了解的领域并对其投资更多时间，以改善你对它们的回忆。

正如一位作者指出的那样："学习者已学的事物是影响其学习最重要的因素。"

另外一种改善记忆的方式就是不断去回想记忆。每次回想一个记忆，都会让它的记忆效果变得更强。因此，不断解释某个事实或者复述一段故事，能帮助你强化该记忆且让你更容易地回想出来。这不是无意识的重复，而是有思想性的重复——解释并思考出那些记忆。所以，如果想要学到某种东西，最好的办法就是去教这门课。

记忆编码是用来跟踪记忆的一种手段——有点类似于图书馆的索引。如果没有良好的记忆编码，人们就很难发现何时需要这些记忆。据柯妮可娃·尼科娃的研究表明，提高注意力也能改善记忆。因为你注意得越多，记忆就会被编码得越好。凡是那些阻止集中注意力或者耗干思维能量的事物，都会对记忆编码有所阻碍。

这也意味着许多保持健康的习惯对改善记忆力有好处。学完某个事物后休息一下能增加记忆效果，观察自然似乎也能帮助回忆。当然，管理情绪也同等重要：积极的情绪能促进吸收新观念和新经验，而消极的情绪则会让我们排斥接受新的事物。

紧张对学习特别有害，因为它在记忆编码的过程中转移了注意力。一个由德国认知心理学家所做的实验显示，在紧张状态下人们的单词记忆量比平静状态下少 30%。

想有效地学习某物，你需要达到一种心流的状态。在这种状态下，行动变得如此简单，而任务本身也让人沉浸其中。这种深度的状态持续得越久，你就越能有效地学会和记住信息。由此看来，改善记忆关键在于如何集中注意力。

学会集中精神

集中精神给你手头上的任务分配工作记忆。如果精神高度集中，你就能将更多的“脑力”集中于你想做的事上。

然而，集中精神是复杂的过程，因为它与意识相通。通常提到“集中精神”时，我们总是有意识地注意到某事，比如听一段谈话或者分析一个问题。如果我们无法聚焦注意力或老是忘记某个人讲过的话，这时候就需要集中精神了。

一些外在的因素会扰乱注意力，比如说噪声以及谈话被他人打断。而诸如沉思、焦虑之类的内部分散源也会对注意力有所影响。因此，情绪管理就很重要，因为积极的情绪能够更利于处理这些因素的干扰。

动机也影响集中精神：如果人们对某项活动有强烈动机，就会发觉自己更容易对其投以关注。坐着无聊地开会，和听一场谈论你所关心的有启发性的话题，显然你会对后者投注更多注意力。

训练注意力最佳的方式即正念修行。正念能在各种情形下帮助我们集中注意力。有趣的是，修习正念的人更能注意到周遭环境，但是，他们极少地被这些环境所影响，且更善于选择注意的焦点。

然而，这种有意识的注意并不容易。大脑的思维有一半时间都在开小差，并且我们会过滤掉许多通过眼睛看到的事物——因此强制集中精神不仅辛苦，且不可持续。要知道，思维在你不注意时也经常运作。

如果你发觉自己难于集中精神，不要慌张：这是思维运行中一个自然的环节。你需要做的仅仅是去了解哪些事情在影响注意力，并且当你能够更好地投以注意时，充分利用这些时间去高效地工作。

学习方式

“学习方式”是教育中流行的一种理论，即某些人更适合通过某一种特定的交流方式学习知识。这种理论认为有的人喜欢“听觉学习”，即靠声音来获得信息，而另外一些人却更喜欢“视觉学习”，等等。只要找到正确的学习方式，人们就会更好地接纳与记住更多信息。

必须承认，在许多方面人们的学习方式都各不相同。没有两种一模一样的思维，而且学习理论需要重视个体差异。然而，令人惊讶的是，很少有实验证据能够证明不同的学习方式或者依据不同学习方式而进行的教学会带来更好的学习效果。一项最近的研究总结道：“没有足够的证据基础显示应该把学习方式评估整合到通用的教学实践中去。”

然而人们仍会谈及他们偏好的学习方式。因此，可能存在更多未被证实的学习方式，使接受信息的方式多样化看来有一些道理。

但就目前而言，正如智力多元一样，尽管学习方式看起来更受欢迎，然而并没有发现它带来的相应的生理上的变化或者对学习效果的影响。因此，只要互动方式足够多样，可以保证兴趣，具体用哪种学习方式就不大重要了。

确定你要学习知识经验还是去习得某种技能，相对来说更为重要。对于这二者来说，它们各自进行的学习过程是极其不同的。

熟能生巧

并不是所学的东西都需要有意识的注意。关于思维，最棒一点就是可以用有意识的思维去训练无意识思维。

如果你是一个老司机，驾驶于你自然熟练，以至于你很难想起什么时候没在开车。曾几何时，你也会小心翼翼地注意刹车、后视镜和方向盘等关乎安全的东西，也许一开始做这些有点困难，但现在这就如同你的第二天性一样。

这些自动化模式受内隐记忆的制约。我们在内隐记忆中储存技能与习惯。无论是骑着自行车、开着小轿车，还是输入一个密码，如果我们需要，这些记忆都会很自然地被思想所调用，令人惊奇的是，它们很难再被忘记。

这些记忆与人们的知识、经验独立分开储存。因此，你无须担心当学到了关于芬兰首都的知识时就会忘了如何走路——这两种记忆类型是截然不同的。和知识与经验不同，技能与习惯甚至能够在无意识的情况下获得。学习技能需要练习，但并不一定要理解。

然而，随着时间推移，很多技能的有意识学习过程也演变成了无意识的习惯。就以伦敦出租车司机的“穿越伦敦中心城区的主要交通路线知识”为例，刚开始他们学习得非常清晰且有条理，比如，“离开蒙塔古街，往大拉塞尔街右拐，靠右边一直走就到了，”但多年的经验让他们现在可以不假思索地告知你这些路线。

这个过程被称作适应性学习：有意识的学习能促使无意识能力的

形成。

学习新技能需要付出努力，但一旦进入自动化过程，思维就会储存这些新的模式而让你在使用技能时不需要集中精神——从而腾出意识去应付新的任务。

最初，我们因为没有意识到自己的不足而自得其乐（无意识不胜任）；然后我们知道了任务的难度并且意识到自己做得很糟糕（有意识不胜任）；再然后我们认真地有意识地对该任务进行练习（有意识胜任）；直到最后我们不假思索就能完成这个任务（无意识胜任）。

进行到任务链的最后一步时，我们会感觉自己似乎从一开始就能胜任这个任务。这也正是教育为什么如此富有挑战性的原因。一旦你成功地做到了，很难回忆起当初努力的过程。

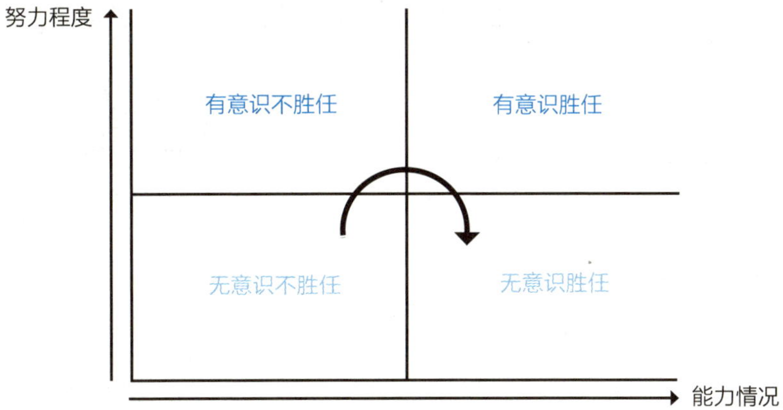

你可以运用这个模式来改善思维，并且适应新的境况。好好想一想你目前的工作及计划中下一份工作所需要的技能与行为，朝着目标努力奋斗吧。每周有规律地空出一些时间来好好地集中学习这些技能，不久以后你会发现自己对其得心应手。

当然，思维并不能无限制地适应——与身心天生的限制性有关。但如果能从那些顶级的运动员、音乐家、舞者及脑外科医生（当然还有出租车司机）的身上归纳出什么特别之处的话，那就是熟能生巧。

喂养海马体

高强度学习可以从生理上改变我们。学习某项技能时，大脑会建立专门的通道来让学习行为更高效。所有的信息被包裹在一个叫作髓磷脂的脂肪组织里，用来加速信号的传递，使速度能够达到以前的三千倍之快。

而大脑的面积也能通过训练扩张或收缩。比如说，音乐家与非音乐家的大脑就具备很大的生理差异，前者在一些关键技能的相应区域上有更多灰质。

一个有趣的示例就是海马体。它是在大脑中如海马形的一块小型区域（它的名字因此被称作海马），在学习与记忆中它起到非常重要的作用。学习得越多，海马体就越大。正如学习交通信息的伦敦司机在训练过程中发展出了更大的海马区域。一些研究者甚至认为，增加海马体体积的训练可以用来治疗老年性痴呆。

习惯的力量

并非所有的内隐记忆都是有意识记忆的结果。有时候，思维在不知不觉中也处于接受训练的状态。

定期地、集中地及长时间地做一件事，它就会变成一种习惯。尽管习惯不乏负面影响，但它确实非常有用。

因此，我们创造习惯来保持心智能量。一旦完成某件事达到一定的次数，我们就会将其自动化处理并且不假思索地去做。习惯是思维工作方式的重要一环。没有习惯，我们的诸多选择性行为就会增加许多负担，甚至连去公司都做不到。从刷牙到查看手机，习惯让人保持前行并聚焦于周遭的世界。

你可以让自己习惯于几乎任何事物。无论做什么，思维都会高效地配合你去适应这些事情。这些习惯有些是有益的，而有些却有害。

因此，问题的关键不在于是否应当训练思维，而在于训练思维去做什么。你经常或者大量练习的是什么？你花费时间练习的技能会促使成功还是导致失败？考虑一下哪些技能是自己需要擅长的而哪些不需要，努力建立你的日常习惯来练习积极行为、避免消极行为。否则即便你最终适应了生活，但这生活也并不是你想要的。

这件事值得好好想一想。我们大多数人并没有把训练思维放在自己最需要的事情上，尤其在工作方面。正如多产作家卡尔· 纽坡特提出的那样，尽管象棋选手训练象棋，小提琴手练习音符，但“如果你是一名经验知识俱佳的工作者，你会把大部分时间拿来应付每天的邮件”。

放在邮件上的注意力

如果我们想要训练思维去做一些事情，那么就要考虑科技对思维的影响。去讲数码工具的影响力可能还言之过早——它们发展得太快以至于还无法去研究，但是这些数码工具的确对思维有所影响。正如杰克·路易斯和艾德里安·韦伯斯特在《把大脑分门别类》中所述：“你的极具可塑性的大脑能够适应任何环境的要求，无论是从生理上还是精神上。”

科技的主要影响是带来更多信息，它让人们更容易地学到知识并建立知识之间的相互联系。但另一方面，也会让人更容易在生活学习中被打断和分心。

这也常常是源于社会的压力——需要对收到的信息有所回应。但可能因为思维已经被训练得习惯于搜寻各种干扰（信息、电话），因此即使我们有时间可以集中精力，也还是会去查看信息。这种习惯同样会从工作中带回家里。一项关于看电视习惯的研究调查指出，当人们在看一个电视节目时，每隔 15 秒钟就会查看手机或者平板电脑一次。可见，思维正在训练得更容易被打断。

长期的注意力转换过程不光耗费精神资源，还会影响人们的认知表现。一心多用的人意志力似乎更为薄弱，且在智力测试上得分较低。可怕的是，我们也确实正在日复一日地消磨掉本应用来工作的思维能量。

特别是电子邮件，很可能让人上瘾。参与写作《心灵骇客》的汤姆·斯塔福德认为，这是因为电子邮件能够给人无法预测的奖励。有时候，核对邮件会让你发现一些很棒的新闻或是一个让人愉悦的网络链接。但你无法推断这些奖励何时会来，所以只能一直不断地检阅邮件以免错过。于是，检阅邮件就变成了一种习惯。

改变习惯

那么一旦思维适应了某种环境，还能重新训练吗？怎样才能忘记原本学会的所有坏习惯呢？

在查尔斯·杜希格的名著《习惯的力量》中，他从一大堆关于习惯如何工作及怎样改变习惯的实验数据中探索出了相关结论。他把习惯形成的过程描述为“习惯回路”。“习惯回路”中包括一个线索、一项例行程序和一份奖励。

据杜希格所言，一个线索即“一个命令大脑进入自动化模式的触发条件”。这紧接着触发一项例行程序——对所给线索的回应，它可以是生理上的一种行动、一个思考过程，或者是情绪上的一种反应。然后，这项例行程序会带来一份奖励——“帮你的大脑断定这种特别的回路是否值得储存”。

打个比方，你感到紧张（线索），因此你去吃蛋糕（例行程序），然后感觉浑身充满能量（奖励）。

根据杜希格所述，“习惯改变的黄金法则”其实很简单：如果你想保留同样的线索与奖励，那么就去改变介于二者之间的例行程序。

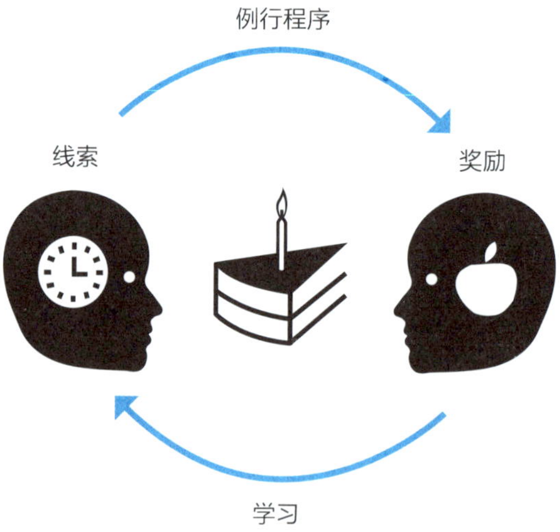

例如，想要打破看手机上瘾的习惯，也许你只需要吃较少的蛋糕。无论你要戒除哪种习惯，戒除的过程都如下所示：

- **识别线索**

  是什么引发你做这项例行程序的？线索可能由内部引起，比如中午的困顿感；也可能来源于外部，比如某个朋友给你一些蛋糕。

- **识别奖励**

  为什么这种特别的习惯能够带来满足感？它是从生理上还是心理上引发出你的感受？当你完成例行程序后希望获得何种感受？

- **练习一项新的例行程序**

  打断线索并练习一项新的能给你同等奖励的例行程序。例如，你有紧张时吃蛋糕的习惯，下次可以尝试在感到紧张时换一个更健康但奖励度同等的方式。又比如，当约会对象去上厕所时，你与其查看手机，不如找点别的事来做。

当然，所有这些改变都需要付出努力。坏的习惯很难戒掉，因而你很有可能时不时地又掉进旧习惯的模式中去。当你疲惫或缺乏精神力量时，这种现象就很容易出现，因为此时是意志力最为薄弱的时候。然而，在某种程度上，改变有时也很简单。第一次做某事总是令人精疲力竭，但练习得越多，需要花费的精力就越少。有证据显示，练习自律本身就是一种习惯——你的习惯改变得越多，反而会对习惯养成更为擅长。

然而，不应该仅仅依赖于习惯。知识、经验都会改变行为，并且让人更清醒地意识到为什么要做某事。在事情变得困难时，它们也能帮我们学会如何去坚持。并不是所有东西通过无意识地重复后都会固定不变。有时候，你需要有意识地学习新鲜的事物并改变对世界的看法，而在其余时间，只需要练习一项技能直到掌握为止。理解这二者之间的差别，能帮你更有效地训练思维。

磨快斧头

因此，我们的思维总是处于训练状态中：处理新的经验、学习新的技能、建立新的习惯以及适应不断变化的新环境。如果想训练新的思维，请反躬自省你尽最大努力想得到的究竟是什么；如果想更有效地将知识与经验应用在复杂的问题上，那么你需要做的是回忆并连接你所学的知识；如果想改变习惯、建立新的技能，请你学会识别线索并熟能生巧；如果想变得更聪明，那么你就应关注思维健康并训练如何使用注意力，让已有资源得到更充分的利用。

然而请不要纠结于如何提高思维，或过于担心周遭世界影响了你的思维，专注于如何改善自身或许来得更实际。尽管思维很怪异，但它确实是一套神奇的系统。人人都希望自己更冷静、更聪明，而思维所带来的惊喜确实要比担心多得多。

留心观察思维是如何运行的。如果在某些特别的时刻你意识到自己变得很敏锐、很有能力，请考虑这是为什么；如果你感到自己肤浅又愚蠢，请反省对大脑做了什么才引起这样的反应。

投资思维，因为它是你的职业工具。如果你对思维悉心照顾，它也会反过来照应你。

正如一句流传于樵夫间的古语说的那样：

“如果砍树需要五分钟的话，我会花三分钟来磨快斧头。”

（磨刀不误砍柴工）

习惯 6

小块化地学习事物
并设计
你的日常
来进行思维**训练**。

全章总结

短评版

思维会适应你所做的每一件事，因此，把注意力聚焦于正在学习的东西以及正在练习的技能上，并相应地计划好每一天。

摘要版

尽管人们在提升脑力上付出了诸多努力，但实际上却很难做到提高智力。不过，我们可以改善使用大脑的方式，并且把思维训练得适应于某些特定活动。

训练注意力并把知识小块化能帮助你完成更多的事情。大脑中现存的知识也能让你更容易地获得其他更多的知识。学习可以看作是一种习惯：习得的东西越多，大脑对学习的适应性就越强。

有时候你需要将信息记得更牢固，因此，把知识相互串联起来并回想记忆能够让你对相关的知识印象深刻。然而就记忆和习惯而言，需要熟能生巧，即不断训练自己去做某事直到不假思索就能把该事情完成。

同时，思维也在不断适应着习惯，因此，要搞清楚你训练思维的目的是什么。只要你集中精神、有规律性地坚持做某件事，这样的行为就会变成一种习惯。留意自己的日常行为很重要，否则你很有可能会最终完全适应一种你不想要的生活。

07 善做决定

人们都倾向于认为自己是理智和客观的，但在现实中这个问题却有一点复杂。想象一下，你正在一个咖啡店里，当要从菜单中挑选午餐时，你可能会尽量从逻辑上权衡各种选项——牛排的分量有多少？厨师会把牛排煮好吗？你还会推想到，店里的鱼是不是已经存放在冰箱一周了？自己体内的血糖水平是不是太高以至于不能喝橙汁呢？

这些问题需要你做出合乎逻辑和比较客观的决定，也许永远理不清头绪。等把所有问题都研究完毕后，午餐时间都过了。

所有的决定都会被环境所限制。人们的思维已经进化到可以用有限的信息去做出最佳猜想的决定，然后付诸行动并继续下一步。正如禅宗大师西岛和夫说的那样：

“如果你必须要做一个决定，那是因为你掌握的信息还不够充分。假如对所有的信息都了如指掌，就没有决定值得去做了。”

A Mind For Business

情绪思维

事实上，做决定并非理智化而是情绪化的过程。做一项决定考验的是停止思考和采取行动的能力。由于我们永远无法探知那些未知的东西，因此，在整个决定过程中的某一节点，我们需要停止分析并采取行动。与一些流行的看法相反，那些做出的决定不是理智性的：它们是情绪性的。

十四世纪的法国哲学家让·布里丹对与做决定相关的问题进行了总结。他想象出有一只完全逻辑化的驴子被放在两堆干草的正中间——然后它饿死了。由于没有理由对两堆干草进行选择，驴子自己也无法决定，所以两边都没有选。

这个哲学性谜题也被亲切地称为“布里丹之驴”，它强调了单纯的逻辑在做决定的过程中所受到的限制性。对驴子来说，真正需要理性地去做的就是采取行动，无论是何种形式的行动。做一个决定，甚至是错误的决定，都比什么不做要好得多。

在实际生活中，大脑遭受过损害的病人也会经历布里丹的假想性问题。那些情感系统受过创伤的人可能更少地感到焦虑，但却能更清晰地思考。不过面对一份午餐菜单，他们却无法决定该选择什么来吃。他们能更理智地权衡那些选择，但缺少了情绪，他们会在做决定时挣扎万分。

在做决定这件事上情感会起到一定的作用。通过将已有的知识、第一手消息和交流的经验相结合，情感能带来有价值的信息并引导我们做出选择。我们甚至根本就没有意识到思维是这样工作的：仅仅跟随自己的本能。

然而，情绪的重要性意味着心情和情绪状态对做出决定具有很大影响。这一点人们也常常意识不到。你可能认为自己是根据证据在做决定，但事实上，很可能受到了心情的影响——不管你表现得有多么理智。

我们对自身情绪的管理情况决定着情绪最终是帮助还是支配我们：前者意味着那些综合了我们智慧和经验的精明、合理的决定；后者指那些鲁莽和不明智的决定，甚至我们自己都还不知道这样做的理由。愤怒的人总是愚蠢地冒险；胆怯的人会错失良机；愉悦的人认为一切都会顺利进行——情绪状态改变了思考的方式，也会对我们所做的事情有所影响。

在商务思维中，认可情绪的作用对某些人来说确实具有挑战性，尤其是在特别重视证据基础和分析性的行业中。因为这种观点与人们对自我的认知有所冲突，正如我们就像“象棋手”那样会提前计划并且对事情仔细考虑。然而即使在最理性的职业中，如果忽略掉情绪的影响，我们也得自负后果。

正如《金融时报》记者纳奥米·施拉盖所述：

“无论大脑思考的是什么，情绪总是在我们的决定中起到作用。明白这一点能够帮助商务人士更好地做出选择，并取得更好的结果。”

一种思维，两种系统

然而很明显，我们每个人都很擅长做决定，否则不会到现在还安然无恙。那么，到底是如何做出一个决定的？每天，我们都做成百上千的决定：一些决定无关紧要，而另外一些特别重要；大多数决定不会让我们思虑，而有一些却会让我们长时间烦恼不已。那么，思维是如何处理这些不断流动的选项和信息的呢？

当心理学家斯坦诺维奇和韦斯特对下决定理论进行研究时，他们提出了一个思维的统一模型，而现在这个模型被诺贝尔奖得主心理学家丹尼尔·卡尼曼在他的著作《思考，快与慢》中被普及化。

这个模型，也被称作“双过程理论”，它提出思维用两种独特的思考类型来做决定：“系统 1”，有时被称作自动化系统；“系统 2”，即受控系统。

系统 1 快速并且让人能凭直觉感知到，然后迅速做出结论，但却使人们倾向于做出“最佳猜想”的答案，而这些答案有时候是错误的。系统 2 更擅长于精细化和线性思维以及问题的分解，但这个过程却较慢。

对卡尼曼来说，系统 1 代表“正常地”做决定，而系统 2 只与非常重要的决定有关。我们依赖系统 1 来做每天面临的成千上万的小决定，并且用系统 2 来详细地考虑重要决定。

然而，自动化的“系统 1”掌控的远不止一组本能性的循环：它也在分析型思维中起到重要作用。人们的潜意识思维能把多方面的因素结合起来，并且评判出它们相对的价值与重要性——这个过程被称作“价值综合化”。

事实上，我们总是先凭直觉发现一些事物，然后尽力地有意识地去解释这种反应。在艾奥瓦大学的实验当中，志愿者被安排进行一种赌博游戏，即从两副扑克牌中选择一副风险高的或另一副更安全的。参与者很快就意识到两副牌之间的差别并且相应地变换了玩法。但有趣的是，在他们意识到差别之前的几轮游戏中，每当摸到高风险牌时，就会表现出无意识的紧张。可见，在有意识思维赶上之前，他们的无意识思维已经弄明白了这场游戏。

其实，大多数的决定都赶不上意识思维。甚至当我们控制自己认真思考问题的时候，自动化的行为仍然位于幕后，给决定带来一些潜在的影响——有些有用，而另一些没多大用处。

这就是自动化系统的力量：它把你所有的经验和记忆都聚集起来，并利用它们来弄清楚这世界上的一切东西——卡尼曼将其称作“联想一致”。虽然自动化系统更加难以控制，但是它却显然更为灵通。我们不得不依赖潜意识思维来权衡选择，因为这种思维可以容纳更多的信息。

然而，做更精明的决定不仅仅是进行关于理智的增减，而是关于知道你何时及怎样才能相信自己的那些自动化反应。

自动化反应

在你能够有意识地思考一个决定之前，自动化系统已经对其有了相关的看法。

思维也仅仅是提供帮助，如果你不想思考的话，它也会提供给你一个默认的选择。正如卡尼曼说的那样，系统 1“从来不令人目瞪口呆：如果它不知晓可供选择的答案，它也会编造一个”。

然而，自动化的应激系统并不是独立运行：它借鉴已有的知识来对这个世界进行解析，帮助你更好地了解情况，做出多数情况下可能正确的猜测。我们发展内在的联系，无论好坏，都是以周遭的经验与文化为基础的。

我们把自动化反应带进所做的几乎每一个决定中。大部分时间这些信号都有用，引导已有的经验来帮助我们恰当地对其反应。然而，某些信号也会让我们偏离轨道并且做出糟糕的决定。分辨信号之间的差别或者甚至当差别发生时对它们进行识别是相当棘手的事情。

自动化系统的敏感性意味着要谨慎地对它输入信息，否则它很容易将人们导入偏见。哈佛大学的内隐项目一直在记录我们对人及相关情形所做出的各种假设。这些“内隐联系”帮我们驾驭那些不熟悉的情形，但也能导致性别歧视、种族歧视和其他的一些偏见——有时候我们甚至不需要意识到这些。

如果能意识到这些联系，我们就能使用受控系统来进行有意识的纠正。但即便如此，它们还是在后台影响着做决定。正因如此，我们才付出诸多努力来确保公司人员和媒体代表的人群多样性。这不仅仅是体现公平，更是为了开阔思维，为未来准备更多积极的内隐联系。

为什么犯错

在自动化的系统里置入偏差，有利于我们快速地操纵一般情形。但当评价决定及权衡风险和机遇时，偏差则可能会引起可预见的错误。这种现象被丹·艾瑞里称作“可预见的不合理”。

一方面，思维本身可能有点消极，或许是在人类进化过程中遗留下来的。因此，人们倾向于积极地去寻求中庸的价值和更安全的选择，并且更愿意选择安全的及熟悉的，而不是危险及陌生的。例如倾向于喜欢位于优势侧的物品，仅仅是因为我们对将其拿起的动作非常熟悉。

关于这点有个非常奇特的例子“相似性偏差”，即我们可能倾向于选择那些让我们想起自己名字的事物。据统计结果显示，叫丹尼斯或丹妮丝的人很可能成为牙医 (dentist)，叫劳里和劳伦斯的人很可能成为律师 (lawyer)。不知道为什么，但感觉这种选择就是对的。

然而另一方面，积极性也不总是好的。人们都容易产生“乐观主义偏见”，即一种对未来看法过于积极的倾向。因为低估了潜在的一些风险，忽略了主要的实际情况并且把现实想象得过于美好。这种看似天真的品质解释了我们之所以抽烟、喝酒、玩彩票的原因。

有许多这样的“认知偏见”在影响着思维。其中一些能被有意识地否决掉，但另外一些仅仅能被管理。不过，我们越意识到自动化系统的限制性，就越有能量应对受控系统，就越有机会改正思维中的一些常识性错误。

然而，如果我们对某个情形产生强烈的自动化反应，可能会最终用受控系统来对做出的选择捏造出貌似合理的解释，而不是进行评估或否决第一本能。正如卡尼曼说的那样，“我们错的方式都很一致”。

思维盲点

有时候并不是分析有缺陷，而是我们最初选择的信息有盲点。许多糟糕的决定都是信息不足造成的结果，而非不好的推理所导致。

思维一直都受到各种信息的包围和轰炸，但仅仅有一部分信息是相互关联的。然而，思维只能有意识地一次集中在一条信息流里，因此，自动化系统为我们过滤了相关信息。这也意味着甚至在有意识地分析一项选择的时候，我们有可能已经错过一些重要的信息。

这样的结果可能会是“确认偏见”——无意识地挑选信息并确认思维自动化行为。就比如，我们会对不支持我们理论的证据更加挑剔，同时更能接受确定我们直觉的一些证据，在做出一个选择之后，也会对它抱有更积极的期待。因为“确认偏见”的原因，有时其实应该退一步，问问自己是否根据客观证据做出了选择，反之亦然。

当信息缺失的时候，我们也倾向于不去注意——这是一种叫作“遗漏疏忽”的特质。在夏洛克·福尔摩斯的故事《银火焰》中，福尔摩斯让侦探格雷戈里注意“夜间狗的古怪事件”。格雷戈里回应道：“狗不在夜间做任何事情。”福尔摩斯说道：“这就是古怪事件。”福尔摩斯意识到如果狗不吠的话，它肯定知道凶手是谁。然而遗憾的是，在生活和工作中，大多数人大多数时候都会让这些疏漏从思维上不经意地溜过。

情绪也影响这些过滤因素。心情消极时，很可能会导致错过某些积极因素；而当心情积极时，则会注意到更多细节做出更知情的选择。紧张状态会影响我们对事物的看法，致使我们盲目地陷入可能性中，去冒不合理的风险及追逐不切实际的机会。

改善你的决定

无意识的偏见是如此众多，以至于有时候做一个好的决定基本上很难。无论我们把事情考虑得多么清楚，最终还是会表现出踟蹰不前的不理性。

然而你仍然可以做一些事情让决定更好。一种就是建立起相关的知识与经验，例如学会如何评论一个面试中的应聘者或者如何了解地产市场。训练思维能够改善你对相关任务的直觉且让“情绪”变得更精确。

你对一个学科掌握的知识越多，对其所做出的相关决定就越好。因为你对相关情形了解得较多且有更多的经验去联想。这种经验常常很难被明确化，人们最终把它作为一种直觉看待。但对某个领域经历得越多，直觉就越能把你引领到正确的方向。

例如，马尔科姆·格拉德威尔在他的作品《闪》中讲述了盖提青铜雕像的故事。它是由盖提博物馆购买的一个古希腊雕像，曾被作为一项重大发现但现在却被认为是十九世纪的一个赝品。最初的测试似乎显示这个雕像是货真价实的，但据一些独立的专家证明事实并非如此。有一位专家甚至说道："凡是见过该雕像出土的人都能够分辨出它从来都没埋在地下过。"这些专家见识过如此多的雕像，他们所具有的自动化的直觉反应能够发现出科学实验不能分辨的东西。

然而，已学到的经验也仅服务于决策过程中的每一个对应的专业领域：它不会让你的一般决定变得更好。就比如对古雕塑的熟悉不会让你更擅长买一座房屋或者选择一项事业。

心理资源

使用受控系统需要花费精力。因此，为了改善你的一般决定，你能够做的最好的方法就是保持心理资源，让思维更能回忆和考虑所有相关的因素，并且超越那些自动化反应。

当我们缺乏精神动力的时候，会发现自己更难运用受控系统去打断和否决那些自动化反应。进而，这让我们更易面对无意识的偏见和错误性的判断。

一项特别令人惊恐的研究指出，在法官所受理的上诉裁决中，研究者发现驳回起诉的一般概率（平均为 67%）在法官越疲惫或者越饥饿的情况下就越接近于 0。疲惫和饥饿的法官更可能去坚持起诉的原状，因为他们没有更多的精神动力来对案件进行深入思考。

保持精神动力对做更为精明的决定非常重要。只有让思维保持在一个饱满、健康和相对松弛的状态，才能够给你提供思考的动力，并且对自动化反应做出更好的选择。

做决定的过程也需要耗费心理资源，因此，尽力先做重要的决定而不是把它们留到最后。甚至细微的选择也能积少成多，所以如果你有项重要的决定要做的话，在一天中尽量避免做其他不必要的决定且把精力留给真正重要的事情。

巴拉克·奥巴马甚至在他总统任职期间应用了这些发现。用每天坚持日常的例行公事、穿类似的服装来保持相关的心理资源以做更重要的决定。正如他在作品《名利场》中评论道：

“你需要集中你做决定的能量，需要对自己进行常规化。”

避免一心多用

并不存在有意识的一心多用。

受控系统只能让你一次集中在一件事情上，因此我们把一心多用称为是在任务间快速地循环注意力。这些任务耗尽精神动力，且分散了我们对每件事物的注意力。

杂耍所有的盘子确实令人兴奋，但是当我们“一心多用”时，我们往往思考得不够清晰，记忆得不够准确，而且更可能被那些不相关的因素所影响。

然而，避免在下决定时一心多用还有另外一个原因。当我们在同时做着一件以上的事情时，平行的过程会相互地干扰。这意味着在一个过程中发生的事情能影响我们对另一个过程的感觉，这也意味着有时候非常重要的决定被同时发生的不相关的事件和经历影响。

在一项研究实验中，参与者被要求短时间地抓住一杯热饮或冷饮。后来，他们被要求对一位陌生人给出一个印象反应的标准描述。抓住热饮的人认为对方比较温暖，而抓住冷饮的那些人则觉得对方的感觉更冷淡些，他们同时发生的不相关的行为干扰了各自的判断。

因此当你做重要的决定时，尽量集中精力于一件事情且避免在看似不相关的任务间进行转换——因为你从来不知道你的思维是如何正在被影响的。

分配注意力

玛利亚·康力科娃在她的作品《才华：如何像夏洛克·福尔摩斯那样去思考》中研究了许多不同的用来改善我们做决定和推演技能的方式。她提出，做好决定的关键就是能够对信息、经验见证和留心。不仅仅是做一个决定，而是无论任何情况都这样。你可能记得（或许记不得）当你没分配注意力的时候，记忆不能恰当地编码。结果是无法发掘知识和经验的价值，从而导致你错误地评判各种情形，故而做出更糟糕和较不契合的决定。

当吸收新经验和信息的时候，你能够观察和专注得越多，就越能更好地处理和储存记忆。对信息进行更为精确且有组织的回忆，能够帮助你在做决定中更有效地运用知识。

康力科娃热衷于为实现这些目标而进行正念冥想。正念看来确实能够帮助我们对各种情形做出更精确和客观的观察。一项研究显示，练习正念的人能更精确地评价自我个性。这也许是因为他们注意更多的信息，且更能够接受关于自身的事实，即使这些事实令人厌烦或失望。另一项研究结果显示，正念能够帮助人们克服某些形式的认知偏见。

对注意力和情绪的控制能够使你的观察更加精确，同时让你对信息和经验更好地回忆，且因此做出更棒的决定。

保持洞察力

许多错误决断的发生都是因为我们深陷于某种情境从而形成一个固有的看法。因此，你可以尝试通过与他人讨论来获得对思想及行动的一些看法。他人也不必是什么样的专家，甚至可以是对所要讨论之事一无所知的人。这样的讨论能够帮助你判断猜想是否合理，或者帮你辨明思想中的某些偏见。

然而，请当心：团队与个人一样容易受无意识偏见的影响，并会因成员倾向于认同彼此的看法而忽略掉相反的一些证据。团队领导会鼓动队员跟随自己的想法，并且团队成员也会对团队已知信息更加倚重，而不是优先考虑新的信息。

为了真正地确保能做出精明的决定，应去征求更为广泛的人群的意见，尤其那些与你有着不同人生经验、不同技能和不同个性的人。让那些思考方式和你完全不同的人来检查你做出的决定，这能帮助你质疑所提出的假设并发现缺失的东西。

当然，一旦某个决定被采纳，每个人都应当对其坚持直到事情圆满完成。要学会何时该听听不同的声音并纠正自己的想法，以及何时停止思考并迅速行动。

更精明的决定

我们不可能是完全理智的，但正因如此，我们大多数时候都确实做了好的决定。

做决定当然不是一门科学，但下列一些事情能帮你尽可能地做出更精明的决定：

- 休息和营养是重要的：一个休息良好和被良好供养的大脑能够做更好的决定
- 首先做最主要的决定：不要等到你做出了许多微小选择后才做最主要的决定
- 避免分心和一心多用：相互平行的思维过程会影响你的决定并阻止记忆精确地编码
- 管理你的情绪和应激水平：保持镇定来避免思维盲区以及思维过于狭窄
- 寻求不同的意见：它们能测试你的假想和识别出思维盲点

然而，精明的决定并不是尽善尽美，所以不要纠结于你做的每一个决定。对事情的反复思考，对自己的事后批评以及"分析瘫痪"都可能阻碍成功。就像那个拥有逻辑思维的驴子一样，有时候，最好的决定就是去做点事情。

最重要的就是去尽可能地做最好的决定然后付诸行动。正如一位智者所言：

"宁愿因做过什么而后悔，也不要因为什么都没做而后悔。"

习惯 7

保存你的**心理**资源和避免一心多用，以此做出更**好**的决定。

全章总结

短评版

所有做出的决定都依赖于潜意识思维，因此，维系心理资源，小心偏见的产生，并尽量避免一心多用，这样才能保持一个精明的头脑。

摘要版

我们乐于认为自己是理智和客观的，但实际上我们在做决定时却犯了原本能够避免的惊人错误，这是因为决定是情绪性的。在这种情况下，我们依赖于思维中的潜意识和自动化系统去权衡选择，不假思索就付诸行动。

事实上，我们甚至对大多数决定的发生都没有注意到。我们将自动化反应渗透到自己所做的决定中，而这些反应形成选择，继续影响着我们的想法，甚至是决定着我们所考虑的相关信息。除非能够觉察到潜意识里的偏见，否则它们就会主导我们的生活。

然而，受控系统能帮助纠正一些偏见，但这需要耗费精力。所以，改善你决定的最好方式就是保持一定的心理资源。同时，要避免一心多用：它能混淆不同的思维过程且让我们变得健忘。因为做决定会让我们精疲力竭，所以首先需做最重要的决定。

做决定本身并非一种确切的科学。保持你的思维健康并进行良好的休息，当心进入偏见的误区，但是也不要过度思虑某事。一般来说，最好的决定就是去做点事情。

08 影响他人

我们所有人都喜欢变得有影响力。能够被倾听，提出的意见能够被认真对待及感觉自己对他人有所影响——这些都有益于维护自尊和帮助我们实现学习及工作中的目标。

然而许多关于影响力的书却把精力集中在销售方面，它们提供一些“秘密诀窍”去劝说人们买东西和做自己想做的事情。最终，这些“有影响的技能”逐年来饱受批评。

然而，关于影响远不止上面这些。影响是一种对他人产生效力的能力，一般会通过无形的或者间接的方式。它也指一些方式方法，这些方式方法让人们从周遭环境中随意习得一些思想和行为，甚至自己常常都还没意识到。

对他人产生影响由不得我们选择或不选择。无论愿不愿意，人与人之间生来就彼此影响。理解并管理自身对他人所产生的无意识影响是迈出的第一步，继而有朝一日我们能有意识地运用自身影响力，且在工作中变得更成功。

A Mind For Business

镜像神经元

要探索我们对他人所产生的无意识影响，一个很好的切入点就是研究镜像神经元。

二十世纪九十年代，贾科莫·里佐拉蒂和他帕尔马大学的同事一起在研究灵长类的前运动神经元时，偶然遇到了一个预料之外的发现。他们当时正在测量一组猴子拾取花生时大脑活动的反应，有一位神经元科学家感觉饿了就自己吃了一颗花生。

当某只猴子在观察到这些的时候，让科学家们惊讶的是，它的神经元就像在拾取花生时那样有所反应。猴子并没有移动，但仅仅观察科学家吃花生的行为已经足够引起其大脑同样的反应。

这次预料之外的观察促成了镜像神经元的发现。它是一种能激发模仿周遭所见经验的脑内神经元。里佐拉蒂和他的同事发现，当我们看到某人在执行某个动作时，镜像神经元就会因共情被诱发出来——这帮助我们仅通过观察就能从感官上经历对方的一部分经验。

镜像神经元是人类大脑中一个基础的“社会系统”。它使我们与周围的人保持连接，促进沟通交流，并让我们通过观察他人行为而学到经验，同时，也巩固了我们理解及移情于他人的能力——情商。

当我们看见某人流露出某种情绪时，大脑会与其保持协调并且让我们亲自体验到那种情绪的一部分。例如，当朋友伤心时我们也会感到伤心；当看见某个人兴高采烈时（比如一名奥运会选手赢得金牌的时候），我们也能体会到一点那样的兴奋。

就连简单的表情也能有大的影响：实验显示，仅仅看到某个人微笑和皱眉也会让我们在自己的大脑中产生类似的情绪反应。

这种反应是无法控制的：即便在主观上尽量克制自己不去回应，但大脑还是会做出相应的镜像神经元反应。无论我们愿不愿意，人与人之间的情绪终究是相互影响和感染的。

这种对他人无意识的“镜映”能够影响心情，使其向更好或者更坏的状态发展。正如同紧张的人会带来紧张和压力，而微笑的人可能会带来一个好心情。因而，无论是笑脸还是怒容，都能制约你的思维、影响你的心情，或许就在不经意间。

此外，当我们体验这些情绪时，总会感觉自己从身体上在模仿另外一个人，并呈现出对方的情绪状态。而同时，我们的情绪也受到来自本身的表情、姿态、声音和身体运动反馈的影响。所以，与周围人相处得越是协调，就越能与他们在情感上接轨。

影响他人其实来得很自然，这与我们所关心的密切相关。当你感到沮丧时，你也能让其他人沮丧。你笑，这个世界上的人也会跟着你笑。至少，从心理学方面来说是这样。

情绪传染

我们分享情绪与情感的这套过程被共同称为“情绪传染”而出名。研究员哈特菲尔德、卡西奥波和拉普森将情绪传染描述如下：

“情绪传染，即自动模仿和同步进行另一个人的表情、发音、姿态和身体运动的一种趋势，并因此在情绪上与之接轨。”

在实践中，许多调查研究都论证了这方面的成果。比如一起参加会议的人结束后总会感到相同的情绪。而团队情绪的变化也会并轨，例如，团队成员整体在这一周感觉低迷却在下一周感觉愉悦。经典研究理论甚至证明，如果三个人同时坐在一间屋子里，面对面保持绝对的沉默，但也只需要 2 分钟，那个最会表达情绪的人就会把他的情绪传递给其余两个人。

每个人都会对他周围人的情绪状态有所影响，无论这个影响多么小。因此，如果你担心自己没有任何影响力的话，请再好好想一想。

一旦开始注意到他人对你的情绪有所影响，你就能成功地管理自己的心理状态，也可以去运用这方面的知识影响周围人的情绪。

第七感研究所的丹·西格尔总结道：

“我们称之为‘心灵’的那种内部感知极度的社会化。我所做的事情影响你对该事情的感知。”

工作中的情绪

无论我们愿不愿意，必须承认人与人之间的情绪能够相互影响。如果一个人能更好地意识到这一点，那么他就能够更好地管理自己的情绪。因此，我们可以积极运用这方面的知识，去影响周遭人的情绪并改善我们的组织。

负面情绪能在整个团队传播开来。那种带有负面情绪的团队也会影响商业中的其他团队，从而造成负面的反馈回路。当然，积极的情绪也是具有传染力的，会产生积极的反馈回路。当我们思考这些情绪对自身表现所产生的影响时，情绪传染就表明这是商业上的一个巨大的风险——同时也是机遇。

感受他人的情绪能够帮助你与你的客户及同事建立一种积极的人际关系。有意识地创造出一个不断传递积极情绪的工作环境，设定一个镇定及乐观向上的情绪基调，这样，你就能调动全部人员的积极性并显著提高企业的健康程度及生产力。

企业领导对员工的情绪状态也有具体的责任。通过明显表现出员工在企业中所期待的情绪，有号召力的领导能够就此为他的团队设定一个情绪基调。好的领导也会与他周围的人保持情绪上的联系，且通过管理自己的情绪影响来发挥出团队最大的效益。

然而，雇主往往不计后果地忽略掉这些非常下意识的触发物。情绪上受到抑制的员工往往经受不住来自公司的负面影响，而这些负面影响正是源于难以管理的情绪传染。同时，能够利用好员工“情商”的企业则更有可能超越他们的对手而茁壮成长。

管理影响力

不论作为同事还是领导，每个人都要比想象中更有影响力，甚至连自己都还没意识到。然而，这种无意识中的影响力，无论是积极的或者消极的，都会干扰对成功的获取并对人际关系造成损害。当然，谁都愿意传播积极的情感。如果身边的某个朋友感到厌烦，我们通常会使他平静或让他积极起来。当我们心情很好时，也总是愿意分享快乐，而且也希望他人因自己而感到快乐，或者像自己一样对同样的事情感到兴奋。

而另一方面，当我们感到烦躁或者低迷时，会寻求或向周围人征求安慰，以便有人能更好地理解自己。当我们感到紧张时，也会对他人展示紧张的信号，把他们拉进和我们一样的紧张状态。喊叫、抱怨和引发争论都是某个人分担情绪给他人的信号，以便能够在那种不舒服的状态中更少地感到孤立。

一旦你注意到自己对他人所造成的影响，那种影响就很难被忽略掉。每个人都能通过他的行动和行为来影响一屋子人的情绪。甚至于一个团队中地位很低的成员也会对同事们的情绪造成很大的影响。

学会如何管理自己对他人的情绪影响及如何对周围人产生积极的影响，这有助于你在工作中完成任务，也帮助你发展更好的人际关系。管理情绪影响非常简单，但须付诸实践。以下一些核心技能供你掌握：读懂自己所处的环境、建立亲密的关系和恰当地表达情绪。

心智化能力

首先，你需要意识到自己的情绪环境。这不只是仅仅关注他人对环境的感受，还要理解这些情绪背后的原因。要想变得有影响力，你就需要知道人们的脑海中在想着什么。

心理学家把这个过程称为“心智化”，即能够想象出他人脑海中思考的东西并将其与这个人的行为联系在一起的能力。它包含的不只是面部表情或物理线索，它还要求你对整个环境都有所掌控，对思考对象的境况也有所了解，明白自己与人相处的经验并且洞悉自己的思维。

这也是相对于“移情”独立出的一种技能。移情是感受到他人的情绪并与他人的经验产生联系；心智化则是一个明白情绪背后含义的过程，并决定下一步的行动。例如，孩子们总是能移情于成年人的情绪，但却常常并不理解这些情绪背后的原因。

心智化是理解他人的一项非常重要的技能，也是一项值得去练习的技能。我们观察他人越是精准，就越能理解和预测他们的行为，也就越能恰当地给出回应。

心智化颇有难度。很多争论都来自于我们对他人头脑中即刻想法的不正确猜测。因此，记录好你对于他人脑海中想法做出的各种假设，并询问自己哪些想法和理论会驱动行为。要知道，他人也并不总是在想那些你以为他们在想的事情。

不要急于下结论，把自己训练得更善于观察。将自身置于被观察者所处的情景之中，然后思考他行动背后的原因，这样就能获得如何与其相处的宝贵见解。

融洽

接下来，你需要与他人在情绪上保持协调。当与他人处于同步的身心状态时，你所产生的影响是巨大的。当我们与别人打交道时，往往倾向于配合他们的行为：与快乐的人待在一起，我们笑得更多；与焦虑的人待在一块儿，我们也会呼吸急促，如此等等。进行良好对话的两个人，几分钟后便会有非常相似的心理轮廓。

我们用“融洽”一词来形容这个过程。融洽常常无意识地通过非语言的线索及本能的行动进行构建，并且我们能够训练自己在这方面变得更擅长。

你可以做很多事情来构建你与他人的融洽关系：

- 配合他人的手势和面部表情
- 控制自己心智能量水平和与他人互动的节奏
- 与他人保持同样的声音语调和话语速度
- 观察他人并调整你对应的姿态

当然，你也可以从认知方面加强提升——通过讨论大家共同的兴趣爱好或强调共同拥有的事物。

下次当你跟某人对话时，请考虑到你给他传递的非语言信号。同时，观察他对你的反应，并相应地调整自己的行为来表明你们的思想状态是相一致的。但是，也不需要对其处理得过于复杂化。如果是真诚地在意某个人，你自然会发觉你在同他营造融洽。

情绪表达

与周围的人保持情绪协调，是你开始表达自己情绪的开端。

有影响力的人善于设定情绪基调。学会何时及如何表达情绪是你影响他人的一个重要工具。

为了恰当地表达出情绪，你首先需要管理好自己的情绪状态：无论自我感受如何，都能控制好情绪并做出相应的行动。但这一过程却令人疲惫且耗尽心力。所以，以一种真诚的方式来管理情绪以达到与所处环境保持协调，相对来说要更有效和轻松一些。

关键不在于说什么，而在于如何说。身体语言及其他非语言的一些线索能够透露情绪，并能支持你表达一些东西或让你在表达中分心。因此，请考虑好最适合自己境况的情绪基调。与你的听众配合好你的姿态、动作及互动的速度，并且考虑如何引导他们更易接受你所传递的信息。

这也并不仅仅是说永远保持愉悦，有时候积极的情绪也不恰当！

情绪领导力

读懂你所处的环境、与他人保持协调、表达出你的情绪——这些技巧看起来都很简单，但真正的关键在于如何把它们自然有效地整合到一起。

下面有一个关于如何运用该模型去影响他人情绪的实际例子：

想象一下，你正开着小车并且偶然抢占了别人的自行车车道。虽然两人都安然无恙，但当你几乎没有注意到发生了什么的同时，骑自行车的人却对此大为震惊。

如果花点时间来读懂相关情况的话，你就会公正看待对方脑海中的想法。因此，能够预测出如果你平静地步出车外，骑车人很可能会表达出强烈的不满。

所以，凭第一直觉，你可以通过模仿和反馈来同步你与他人的情绪，从而建立双方之间的融洽。你会加快语速，也会配合他们的姿态和心智能量水平等等，这也表明你敏感地察觉到了对方的情绪状态。

一旦匹配了他人的情绪状态，就可以有意识地改变自己的行为和身体状态，同时也让他人平静下来。通过轻轻地放缓呼吸，平静语调和减慢语速，你就能帮助他人从紧张状态解脱出来。有时候，怎样去说比说了什么显得更为重要。

这个技巧适用于各种情形，包括从应对一个愤怒的客户到安慰有精神压力的同事。

然而，从情绪上影响他人并不是一件简单的事情，并不是你以某种方式去做了，然后期待别人就会跟着做那样简单。必须先与他人感同身受，且跟随对方情绪的指引，然后才能对其产生真正影响。如果你想要影响别人，你需要首先对他们抱有兴趣。

变得有说服力

当我们确实需要被倾听或者需要让某人相信某项重要的事情时，又该如何做呢？怎样能让自己传递的信息及自我本身变得更有影响力？

给别人留下的印象是一个很好的着力点。他人对我们做出的判断在很大程度上影响着我们所产生的影响力。这些细小的线索看似有点不经头脑，但它却能帮你判断出哪些人在倾听你而哪些人又在忽略你。事实上，有时候基于某人的一项特征就能对这个人做出整体的评判。

外貌确实很重要。我们更倾向于被有身体魅力的人所影响，即使有时候我们并不愿意承认。然而有时也更会被那些同类人所影响，因此，关键是外在和穿着要匹配所处环境，而不仅仅是单纯好看。

无论是从智力上还是生活上来说，取得一个权威的位置都有益于让他人能够倾听你的看法。强调知识和经验，展示出你拥有的文凭并且通过获取权威人士的支持来强调你的观点。

然而，要避免夸夸其谈。一项研究发现，千万不要在自己主动提出成功这个话题后谈论与自己相关的成功经验。尽量避免借助名贵来抬高身价。另一项研究显示这会给人造成一个很糟糕的最初印象。强调你的权威性，但不要过于高调以至于让周围人都疏远你。

谈论自己可能会令其他人厌烦。而人们也会更加留意那些真正对自己感兴趣的人。如果你对你的交谈对象感兴趣，他们也会对你产生兴趣。你也可以通过强调彼此相似的地方或共同的兴趣，来加强与他人的联系。

收起你的手机：仅仅身边一部手机就会降低你的社会亲密度，并且损害你与他人的密切关系。

最终，比起柔和封闭的姿势，有信心的身体语言更能吸引人的注意力。

非常有信心的姿态也被称为“力量姿势”。这些姿态甚至会对身体产生积极的影响：坚持一个“力量姿势”两分钟，就能降低肾上腺皮质醇、提升男性睾酮素及增加抵抗风险的能力。在开重要的会议之前，尝试这样去做，看是否能增加你的信心，且让他人更能注意到你（尽管在会议中不能这样去尝试）。

心理捷径

影响力并不仅仅在于变得有信心和有魅力。你所讲述的事物也非常重要。仔细思考你对他人所传递的信息，它们既是有意识的信息也包括无意识的信息。

当你与人发生争论时，意识用两种不同的方法来处理这个事情：边缘路线指给以较少的有意识关注并且依赖于心理捷径；中心路线指有意识地听取他人意见且谨慎地处理相关争论。尽管这方面的研究是独立进行的，但这两种路线却与双过程理论模型的系统 1 和系统 2 非常类似。

在大部分时间内，尤其是分心或疲惫时，我们倾向于只给事物边缘化的注意力。这时，需要一些快速的可供认知的经验法则来帮我们更有效地操控自己的世界。当然，也可以运用这些“心理捷径”来影响他人的思维并且劝说他们听信于你。这是一个相当微妙的过程——人们不喜欢被操纵——但有一些规则却值得记忆，因此你能在正确的环境中恰当地运用它们。

认同

首先要提及的就是认同。

我们本能地向他人寻求如何行动的线索，尤其是当遇到不熟悉的情况时。而且，如果我们认为他人的建议是正确的，就更有可能照做。例如，请考虑你对“请远离草坪！”这样的标志是如何反应的。这有时候也被称作为“社会认同”，就如同销售人员标榜“十有八九的顾客都来选择我的商品”一样。

分享以前同事给的推荐信，强调过去取得的业务上的成功，并且展示同意你意见和支持你产品或服务的人员数量的相关数据……这些方法都可以充分利用到“认同”。这也是“社会规范营销”的核心原则，通过分享他人所做的事情来影响自己本已默认的选择。

互惠主义

第二点需要提及的是互惠主义。我们很自然地愿意帮助那些曾经帮助过自己的人，并且也愿意对他人给自己东西而给予回馈。如果你曾经被邀请过“免费品尝食物”和“免费酒水招待”，那么你也会感觉有义务去买点什么，这就是一种行动上的互惠主义。

对他人付出你的时间、注意力和帮助，赠予有用的信息，免费提供能买得起的东西。给予让步和帮助须放在首位，这样，他人也会善意地提供你一些回报。要知道，对人友好一定是值得的：如果你乐于帮助和支持他人，那么，你自身也将产生更大的影响力。

一致性

另外一个有点较不明显的影响因素就是一致性。

我们许多人都愿意保持一致的个人形象。如果某种事物与之前自己支持过的东西相适应，或者与主观认识中自己支持的事物相适应，我们就会支持该事物。如果你认为自己坚决不会这样去做，这也是因为你把自己定性为一个理智的人，并且在所做的任何事情上都会坚持理性的原则。

考虑你所传递的信息是否与人们之前所做的相关方面的公开承诺有关，并且尽力做到不去挑战他们过去的选择。我们对一致性的需求也借鉴了著名的“门槛效应”技巧：让人们首先在小事情上达成一致更有利于今后他们在大事情上取得一致意见。现在，一句小小的肯定也能引导人们今后在某件事上做出大大的肯定。

稀缺性

最后一种影响思维的捷径是稀缺性。

我们常常对那些稀有而不是广泛拥有的东西赋予极高的价值。如果我们害怕错过某些东西，又或者担心某些事物处于短缺状态，就会更快速地采取行动而不只是等待。如果你参与一件大事或者买一些以“秘密”为书名的书籍，你的思维就极可能陷入一种稀缺性的状态。

当组织自己所要传递的信息时，强调其中那些真正稀有或独特的东西，并记住阐明你提供的东西或者经验的独到之处在哪里。这些稀有或者独特的成分能够牢牢抓住人们的注意力，并且让你提供的东西更加令人难忘。

中心信息

然而人们并不愚蠢，只不过不是所有时候都在集中注意力罢了。不要幻想如果考虑了以上因素，就能随心所欲地让别人听从于你。很多说服式训练都是在堆砌无意识的线索，一个真正对你的信息感兴趣的人可能不会对你“干打雷不下雨”的信息有任何印象。

边缘化的线索首先能让他人倾听你，不过一旦对方开始全神贯注，给他们提供一个有说服力的论证就很重要。

他人选择怎样处理你的信息取决于他们的自由意志和思考你所讲述事物的能力。这也受到心理能量水平、与人之间关系密切度、扰人分心的噪声、情绪上的专注度及其他环境因素所影响。人拥有的心理资源越多，就会越少地依赖于心理捷径。

有时候，需要运用你收集到的所有窍门来让他人听从于你。而在其余时间内，只需要你将事情解释清楚就已足够。如果你想长时间而不仅仅是短期地让他人信服于你，就不得不用有说服力的证据来支撑你所表达的信息。

因此，须留意实用性和情绪性环境并找到施加影响的最恰当的时机。这也包括信息中那些具有说服力的元素。但记住，需要根据你的听众量身裁定所要讲述的信息，确保人们对你讲述的东西保持一定的注意力，也确保他们能在信息中发现足够多的令其信服的东西。

施加积极的影响

有许多东西在影响着人们，这不是念出某个魔法词或恰当地按下控制无意识的开关那么简单的事。同样的，我们对他人所造成的影响复杂而微妙，且很难被精确地预测出来。

镜像神经元、情绪传染及人与人之间的融洽——这些手段有助于增加你对他人所造成的影响力，但同时也会向他人暗示你真实的感受。接受影响的先天能力意味着我们难于假装感受那些从未感受过的东西，并且我们对彼此造成影响也意味着，无论是否情愿，每个人都无法摆脱他人的影响。

因此当你要影响他人时，请记住他人相应的感受也影响着你。请考虑你对他人所造成的情绪影响，因为它们也在影响你。这些对于潜意识的影响，不限地域、不分时间，且比意识得到的影响还要大得多。

用诗人马娅·安杰卢的话进行总结：

“人们会忘记你所说的，也会忘记你所做的，但永远不会忘记你带给他们的影响和感受。”

习惯 8

注意你 **周围**人的情绪，并掌控你的情绪影响。

全章总结

短评版

人与人之间彼此影响，因此与他人的情绪相协调并且恰当流露出你的情绪能构建积极的影响。

摘要版

人类是非常社会化的动物。通过镜像神经元和其他“情绪传染”方面的元素，人类的思维已经进化到可以对他人情绪保持密切关注并共享他人的经验。关怀他人的能力也是人类固有的，而不仅仅是表现出天性自私且具有竞争性。

情感和情绪贯穿整个团队并亟待管理。你能通过自己的面部表情、身体语言、语音语调及其他线索来影响周围人的情绪。你所做的总是不及你怎样去做重要。因此，请与周围人的情绪保持协调并尝试引领他们进入一个更好的思维状态。

也可以运用潜意识的线索来影响他人的决定。天生慷慨的品质、与周围人保持一致性的愿望、人云亦云的倾向及害怕错过的念头等，都影响着所做的每一个决定，并让我们不假思索去做某事。

然而也要当心对潜意识的线索过度地注意：如果人们在保持注意力，你会需要提供一个强有力的信息来使他们信服——同时请记住他们也会对你造成影响……

09 协作

与他人共事有时会令人非常恼怒。他人误解我们，他人忽略我们的建议，他人不停地发邮件却不去做我们真正想要他们做的事。大多数人一生都在操控办公室政治：制作商业案例，进行交易协商和解决冲突。难怪让·保罗·萨特曾写道：“他人即地狱。”

然而，这些都能忍受，因为我们知道协作远比单打独斗要能完成更多的事情。大家一起合作得越好，就越能提升自我兴趣和发展共同的目标。

现在，许多生物学家把合作当成人类演变发展的柱石。因为它允许人们发展更为复杂的结构和过程。正如生物学家马丁·诺瓦克所述，“没有合作就没有建设”。就知识经济的复杂性而言，良好的合作对发展良性的商业也至关重要。

A Mind For Business

合作的演变历程

在二十世纪八十年代，政治学家罗伯特·阿克塞尔罗德举行了很多比赛来测试演变的社会机制。参与者扮演“进退两难的犯人”。这是一个经典的猜谜游戏。在游戏中二人必须相互协作才能赢得胜利，但是他们也可以出卖彼此。

实验的结果相当令人惊讶。结果并没有体现达尔文自私竞争的经典法则，即“弱肉强食”，而实际上证明了最具竞争性的策略是变得慷慨和宽恕——当竞争模式出现一定偏差时，尤其是这样。人类的合作并不是一个完美的过程。我们忘记自己的承诺，错误理解他人的意图，认为他人在与自己竞争然而其实他们却没有——因此，我们可以通过变得“慷慨、乐观和宽恕”来弥补。

人人都知道一个关于进化的故事，那就是在这场自私的竞争中总是最强者生存下来，然而事实上却存在活生生的反面例子。前面提到，人总是要提前九个月出生，这样大脑才会在出生后持续发展。我们通过学会协同工作赢得了这场演变的胜利，接下来才能更好地照顾年轻一代并发展神奇的大脑。

关于商业方面还有一个类似的故事：就是自私的竞争让人们在市场丛林中彼此对抗。如果不是每个人都按集体利益在互惠地分享他们的资源，又凭什么来组建一个公司呢？一个人在企业中所获得的权利在于他能随意与企业中的其他人进行电话沟通并请求援助。大多数管理者都知道效率取决于员工们的商誉。信任与忠诚都对好的企业至关重要。

从一种思维过渡到另一种

为了与人协作，我们需要同他人分享经验及观点，解释自己的需求，集合各自的知识然后共同工作来创造集体利益。我们把这种信息传递的过程称作是从一种思维交流过渡到另一种。

交流在整个自然界都习以为常。鸟类的歌曲、蜜蜂的舞蹈以及蚂蚁的追踪——所有这些都属于将观念从一种生物的思维过渡到另一种的系统。并不只有人类才会交流——甚至某些类型的真菌都可以彼此交流——但是人类比其他动物更擅长交流，尤其是在分享复杂和抽象的概念上。这是因为，我们已经进化出语言。

语言对大多数人来说都是第二天性，这常常让人忽视了语言其实有多么巧妙。我们把思想转换成话语并与别人分享，然后对方也能通过语言洞察出我们所思考和感受到的东西。

当大脑中出现一种思想或感受时，传递者将其“编码”成一条信息并且传达给另一个人。接收者随之“解码”这条信息并且有希望理解传递者的意图。

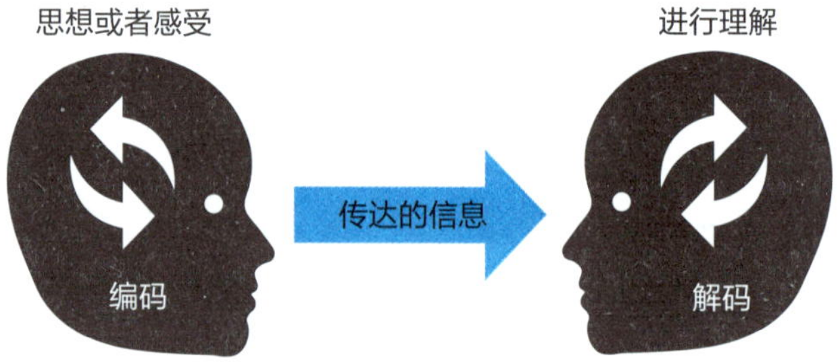

这方面较为麻烦的是编码、解码的过程很难且常常出问题。将思想转换成语言的这个行动难以避免地会对思想有所曲解，会遗漏掉那些难以用语言表述出来的思想要素。

你可以在脑海中形成一组非常清晰的图像，如下图：

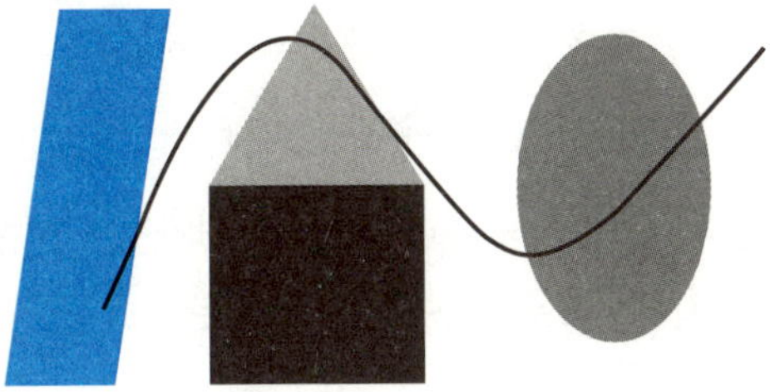

但是，人们对其的理解会有点不一样，如下图：

虽然语言无限接近于大脑中思考的东西，但是你的本意与你语言所传达出的含义还是有差别的。于是，难怪我们常常彼此误解。

体会言外之意

为了克服语言的限制，思维已经适应于填补话语中留出的空白。把这些言外之意与我们的知识相联系，就能对所表达事物的大致含义得出一般性的理解。

哲学家斯拉沃热·齐泽克从电影《奏出新希望》的一个场景中找出了很好的例证。女演员邀请一位男士去喝咖啡，但是该男士礼貌地说并不喜欢咖啡。她的回应——他从没有喝过咖啡——从字面意思上看不着边际。但如果我们从自身的经验和文化联系来看，它所传达的信息滑稽且很明显。这其中的信息量远超过字面上的含义。通过我们自身的知识加工并自行填补信息中的空白，能让它拥有更多的含义。

事实上，思维精于填补这些空白。例如，你能常常交换单词中字母的顺序，只要第一个和最后一个字母位于正确的位置，你就总是能把它们毫无问题地读出来。

我们的思想并不是单单为理解字面而生，更多是为了推断出话语间的联系并发现言外之意。正如丹尼尔·卡尼曼所述："这个世界要比它原本表达的拥有更多含义，因为我们迫使它产生相关含义。"

符号与象征

为了加速这个过程，我们依赖于各种象征。一杯咖啡、一座房屋及一枚结婚戒指——所有的理念都被熟悉的东西赋予意义。符号与象征让人们越过一些基本的概念而去共享更高级的观念。

如果让你画一个正方形，上面再画三角形，里面画四个矩形，你所画的东西可能没有人能认出是什么。但如果让你去画一座房屋，你可能会如下图一样画得很好：

这就体现出了象征的力量：它能比其他任何事物都更快地让传达的观念从一个人过渡到另一个人。

人们把这个世界看成一系列的象征符号，并且在大脑中建立起一个观念地图以便与他人进行交流。虽然这不是现实中真实存在的，但它却能更好地起到传递信息的作用。

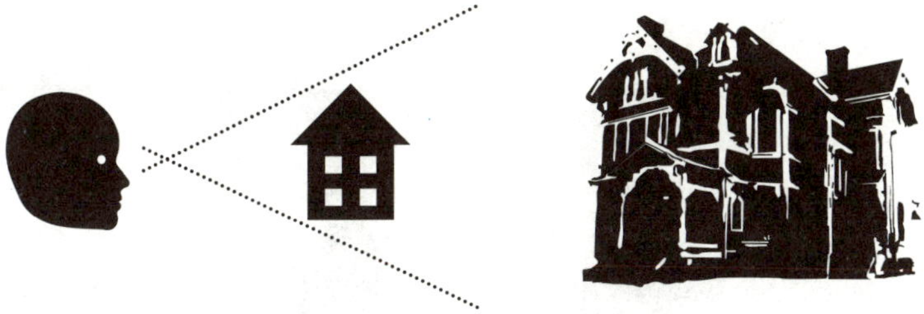

趣味相投

我们从他人传递的信息中所得到的含义常常被自身的文化假想和经验所塑造。

如果人们对这个世界有相类似的一些看法，就能更好地理解彼此；如果互相之间缺乏共同的文化参考点，那就不得不做更多的工作让自己被理解。因此，构建一个相同的世界观能帮助我们更好地交流。

语言种类甚至也会影响思维方式。例如“约翰打碎花瓶”这件事，说英语的人会比说法语或日语的人对谁造成这个事件记忆得更清楚，而后二者可能会说“花瓶被打碎”。澳大利亚的爱德华里弗人擅长航海，他们把方向称作为罗盘指标，而不分左或右。可见，语言的构成结构参与构建了人们去看待这个世界的观点。

对交流神经科学的研究甚至显示，在思维中，分享信息的过程是相当生理化的。专心听故事的人，他的大脑运行模式几乎会精确地追踪讲故事人的大脑运行模式。正如一项研究所述，“在某个对话中，谈话双方的大脑模式越类似，就越能更好地理解彼此”。

这就是交流的力量。理解了彼此之后，人们的思维看似在同步——用一个字面的意思解释就是“趣味相投”。

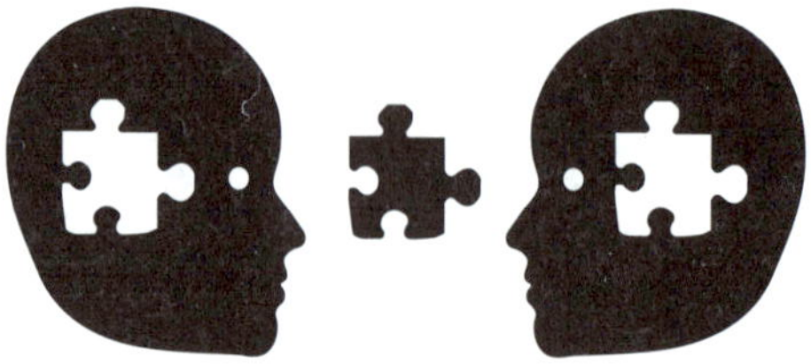

混合信息

我们很少会只说一件事。伴随着想法和观念，人们会彼此诉说相互的感受，表达出彼此的地位、社会角色并加强相互之间的联系。如果意识不到这一点，就很有可能会交流一些自己原本并不打算交流的东西，或者说出一些与自己尽力想说的所相矛盾的事情。

我们不能总是预测到自己的信息该如何被接收，但是能做到留心自身的语言表达。对于周围的大多数交流模型，它们都可以归结为一些关键性的成分，如下：

- **用第一人称“我”进行陈述**

  与其去谈论另一个人（“你这样做毫无意义”），不如谈论下你自己（“我不明白”）。某个人从自身的经验出发去谈论一些东西，其他人是很难不去赞同的。

- **将事实与判断分隔开来**

  与其声称“你没有在听”，不如说“我觉得你没有在听”。学会分开那些客观上发生的事实和你刻意强加给该事物的含义。

- **问一些开放性的问题**

  与其问封闭性的问题，如“你会打算回我的邮件吗？”，不如问一些能够吸引人注意力的问题，即“那你对我的想法怎么看？”。

- **倾听**

  众所周知，交流沟通是双向的。

许多理解和冲突都源自语言的混乱使用。好的交流一定包含留心到彼此的想法、感受、判断、发送给他人的信息及这些消息是如何正在被解读的。这也同样适用于非语言交流。

非语言交流

人们常说，身体语言及其他非口头语言占据了交流的大部分过程。这个观点来自于 1967 年艾伯特·梅拉比安教授所进行的一项研究。他在研究中提出了“7-38-55 规则”，这些数字分别代表了在交流中话语、语音语调及身体语言影响所占的相对比例。

然而，这项研究的初衷是与人的感受相关，而不是谈及那些含义。研究发现，非语言线索对我们是否喜欢某人及是否相信对方所说的话产生很大影响。然而，这种影响并不涉及话语的深层含义，梅拉比安常常尽力纠正人们对他的研究产生的这一误解。

非语言线索也为我们展示话语之后的感受。你的姿态能显示出你对现金流测算的感受，但这些感受并不能解释你是如何做这个预测的。

人们的身体运动和行为总是会泄露关于自身思想和身体状况的信息。物理线索是最容易识别的，比如某个人看起来紧张或者疲倦。如果某个人看起来精疲力竭，但他说他精力旺盛，或者某个人说自己感到轻松却不断地咬手指甲，这些都会让你了解关于他们的很多信息。

语调和语速也很重要。人们常常会说，并不是说话的内容让他们恼怒，而是在于说话的方式。如果你讲那些不符合自身语调的东西，可能很难让人们信服。

然而，除此之外，非语言线索还可能更为复杂：非语言线索并不像一本书那样准确、可靠。因此，尽力确保你所讲述的东西被你的语调和身体语言所支持或强化，但是不要把细节看得太重。

邮件的麻烦

大多数现代企业都被邮件所淹没，某些时候，我们会遇到邮件内容被曲解的状况。确实，电子邮件增加了人与人之间交流的速度，但同时，也增加了传达错误的概率。

所谓的麻烦就是邮件遗漏掉了非语言的线索。

在面对面的交流中，我们非常依赖于用这些非语言的线索来衡量他人的感受。当我们看见他人时微笑，在他人说话时表现出感兴趣，以此测量出他们的心情和相关的反应，而这一般都会加强彼此之间的关系。但如果不考虑这些非语言线索，我们的思维就会对别人的意图和感受妄加推断，从而导致对信息的误解及损坏人际关系。

对缺乏非语言线索的数字信息，需要用言语表达出内心感受来对其进行相关补偿：

- 以社交问候开头来展示你对人而不只是信息感兴趣
- 积极主动展示友好来弥补邮件所带来的人与人之间的社会距离

- 记住接收消息的人有时处于跟你完全不一样的心境，所以对这方面要敏感一点
- 调整语调来使你与接收者的关系相称，且说明你对这些已熟知

新的工具一直都处于开发当中——华盛顿大学的科学家们现在宣称已经创造了一个无线脑对脑的接口——但至少到目前为止，我们还是受限于现行的不完美的交流形式。对于如何利用技术，并没有直接或者快速的规则：最重要的事情仅仅是变得人性化。

清楚地交流

与他人交流时有一些提示需要牢记于心，无论是面对面的还是靠技术进行的交流。

因为听众可能并不拥有跟你一样的共同思维设想，因而你需要更努力地让他们理解一些观念。考虑到听众的文化知识背景，然后相应地调整你所要表述的信息。

定义重要的词汇并解释不同寻常的观念，以让每个人都能在理解上达成一致。有时候，你觉得十分清晰的事情对其他人来说却不甚明朗。建议“小块化”地学习事物，以此确保你不会一次性用大量的观念来淹没他人。

有时候，你所讲述的话语能激发出听众一些意料之外的信息。找到并处理那些阻止人们接受你论点的观念或假想，且避免使用一些被附加了其他意味的词汇来让听众曲解你的观点。

记住，人们都很忙碌。每一次交流都把它当作让别人投资的请求。如果你记得每次都是你在请求别人的注意力，那就自当更加用心地对待。

当然，有时候人们可能仅仅只是不喜欢你，也许是因为身份或者你所做的事情。所以，友善一点：人人都会竭尽全力地避免去倾听一个他们不喜欢的人。

大多数的交流问题并不是因为交流者缺乏相应的努力，而是因为交流本身就很困难。将思想简洁地打包成一捆一捆的象征符号并在人与人之间交流传递，这不可避免地会导致误解和信息丢失。但如果交流确实能起到一些作用，那会是非常美妙的。

处理冲突

冲突是相互协作中自然产生的部分。在协作的过程中，人人都在平衡自己与周围人的需求，而有时候平衡这些需求涉及冲突。

许多冲突都源自于误解，所以化解冲突的一种方式就是对引起冲突的情形拥有共同的认知。冲突双方可能会在想法及经验上有所差别，或者对当前情形有不相称的认知，又或者是有缺陷的逻辑导致双方做出不一样的结论。总之，化解这些冲突常常会引起潜在的冲突。

然而，有时候冲突源自于需求或价值观的碰撞，并且对每个人来说，得到想要的全部东西实际上可能性并不高。在这种情况下，就需要仔细地交流出一个相应的方案。

去构建反驳的理由及找出任何不被双方认可的信息或无意识的假设颇有益处。信息就是力量。例如，一些研究表明，在争论中最好的策略不是去反驳，而是让对方解释他们的想法将如何得以实现。

处理冲突没有硬性或者快速的规则——每一种冲突情形都不相同。但是关于冲突协商，一个比较流行的框架是托马斯 - 基尔曼冲突模型测试工具。他提出冲突和协作来自两个相反的驱动力：

- **独断**

  奋力争取你自己的需求。

- **协同**

  满足他人的需求。

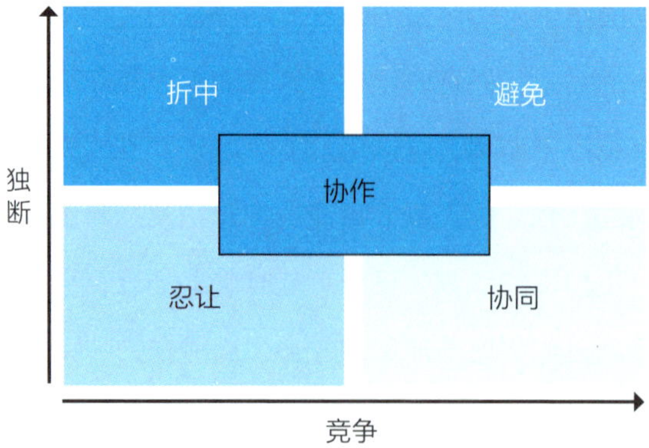

托马斯－基尔曼冲突模式提到人们天性倾向于喜爱解决冲突：如果是天生喜欢忍让的人，那可能需要练习变得更独断一些；如果是生性具有竞争力的话，最好时常提醒一下自己关于他人的需求。

冲突双方的目标都是协作，通过协作彼此的需求得到满足。但是在实践中我们却花费了很多时间互相折中。在生活或者工作中，你不能奢望总是得到你希求的东西，但有时候去尝试着做的话，可能会如愿以偿。

最好的协作包括人们对自身清晰的需求以及支持他人的需求。正如合作大师涂·科伊所述，“团队工作应该给成员提供最好的方法手段来实现他们各自的雄心抱负”。

思考一下，你想从同事身上得到什么，然后为之努力奋斗。如果其他人知道你的需求，他们也能更容易地与你保持协作关系。

按团队工作

协同工作比各自为营更有潜力去做更多的事情。

一般说来，我们都相当擅长于共同工作。大多数人都相当擅长自行组织，从观察道路规则的司机到静坐在电影院的陌生人都是如此。当团队工作运行时，把团队成员们的知识和技能整合在一起，用于共同顺利地工作并且完成更多的任务。

在有些情况下，团队比单独的专家要更睿智。詹姆斯·索罗维基在作品《群众的智慧》中举证了许多相关的例子。这些例子显示，对于完成某件事情，专家束手无策而一组人却能做得很好。比如，猜测一大块牛肉的重量，又或者救援一艘迷失的潜水艇。斯科特·佩奇也在《差异》这本书中争论道，一个成分多样的团队远比单独的专家表现更出色。

然而有时候，团队又不及团队中某个成员表现出色。在回答事实性的问题上，团队的表现往往更糟糕。并且团队会加强成员们的偏见，使个人的观点极端化，而不是引导成员之间进行合理的辩论。

团队也倾向于与个人保持同样的偏见。团队成员更看重于他们在团队中的位置及那些与他观点相似的人。由此忽略掉一些信息，然后对挑战不予理会，并且拒绝反思所做出的决定，甚至当面对强有力的反方证据时也是如此。

如果没有恰当的组织行为，整个团队最终很有可能只发挥出比成员集体智慧的总和小得多的力量。某一个人可能很聪明，但某一个人所在的群体则有可能表现得愚蠢。

避免趋同思维

阻挠协作的最大障碍之一就是趋同思维。

趋同思维是指当人们优先考虑一致意见而不能忍受反对意见时，导致决定做得太快而没有全盘考虑清楚。团队也有自己的生命，它会忽略掉一些信息并做那些个人无法办到的事情。但有史以来出现的一些糟糕的集体错误几乎都出自于团队，这也能解释为什么有些在别的方面很精明的企业反而会忽略市场发展的新动向，导致无法适应变化的市场而最终面临倒闭。

趋同思维也有部分源自于人们对社会传统的坚持——听从团队一致意见的本能常常是有益的。毕竟，没人会去酒吧进行一场近两小时的关于买醉最好方式的争论。然而，如果团队中成员都拥有同样的信息或者相类似的思维状态，他们就能达成一致的结论，并因为彼此认同而获得信心。

同时，人们也有强烈的捍卫团队的本能。团队成员倾向于优先对待自己团队中的人，这就意味着被看成局外人的任何个体都自动地位于劣势地位。这能保证团队的安全。当然，如果团队遗漏的信息对团队生存极为关键，这又另当别论了。假设团队是完全随机产生的，那么这种部落式的本能看似是适用的。

一个强势并处支配地位的领导，会使团队更倾向于趋同思维。他们能处理很紧张的情形，但也会隔绝外在的影响。

趋同思维既是优点又是弱点：它使团队形成牢固盟约，但同时也会阻碍成员进行客观分析。趋同思维的发生往往是优先考虑人际相处是否融洽而不是能否把事情办好。

为团队纠错是可能的,但也只在团队愿意接受这一挑战的前提下。那些积极鼓励自由思考和提出反对意见的团队就不会倾向于出现趋同思维。

多样性是趋同思维的克星。多样性能帮助团队提高做出正确决定的概率，尤其对于那些有多样知识和经验的跨领域的团队。如果团队中每个成员都带有不同的观点，趋同思维的可能性就会降低。

然而，多样性也只是在思维开放和对新观点感兴趣的条件下才对我们有好处。分享信息——尤其对那些新信息的分享，是多样性的关键。

如果团队中的某个人提出有挑战性的观点，这些观点往往会被忽略或者排除，因此对团队中那些知情的少数人给予关注显得尤为重要。成功的团队会把那些新颖、陌生的信息吸收到所做的决定当中。

在这里，领导也扮演着重要的角色。好的领导必须为员工创造可以安全分享信息并提出异议的空间；好的领导需要考虑到方方面面并确定团队是否已经考虑到所有相关信息。

团队外部的建议者也能起到一定的帮助。影响一个团队的技巧可以是在不会威胁到整个团队或被看作局外人的情况下去挑战他们的观念。许多咨询顾问及思想领导都擅长走这种微妙的路线，并借此帮助团队解救已经陷入困境的思维。

当然，紧张和压力会让事情变得更糟糕。如果整个团队紧张的话，负面情绪会流散开来，使人们的思维变得狭促，从而更难以纠正偏见和展开新观点的考虑。因而应该尽可能地让人保持冷静。

趋同思维常常是“效率工作”所造成压力的结果。花时间好好想想你是如何达成一个决定的及你是否在做决定时考虑了所有的事实：如果团队中的一些人对你很可能错过的信息万分挑剔，那么你确实有必要让他们中的某人对挑剔的地方大声讲出来。

召开会议

在企业中每个人都要参与相当多的会议，并且大多数人有时需要自己来运行会议——然而我们当中很少人被告知会议运行的基本原则。这也是为什么很多会议都是在浪费时间的原因。

出现这个问题的原因之一就是相较于呈现新材料，我们都不太幸运地倾向于讨论那些每个人都知道的东西。当在分享那些他人已经知道的东西时，我们看起来似乎更胜任、更可靠且更富有学识。因此，人们更偏爱分享与倾听自己已经知道和认可的信息，这能把团队结盟在一起，却浪费了太多时间。

害怕犯错是协作的大敌。如果人们连在会议中的真正想法都无法说出，就很有可能错过一些能够提供他们帮助的宝贵意见。也请记住，每个人都是与众不同的。高度亲和力或神经质的人可能会选择一致意见而放弃批评和辩论的机会，而低开放性的人群则会更少地去考虑产生异见或者矛盾的观点。

团队的规模大小也能产生差别。当团队变得庞大——据某个从业者所述超过十六个人——就很难做到每个人都能轮流发表意见。这也会妨碍交流的速度，并且意味着有些人的观点会被浪费。外向的人可能会成为团队的主导，而内向者安静的声音则会淹没在人群当中。

还要记住，心理能量水平同样影响着思维。人们在会议中谈论得越多或做的决定越多，就越会变得更加疲惫。通常来讲，会议充满了许多很好的意图,但与会者的疲惫或是在重要时刻的分心会让会议显得有一点不尽如人意。

关于如何召开会议有如下的一些原则：

- **建立心理上的安全防线**

  例如，许多组织机构在会议上都先让基层员工首先给出他们的意见。这样，在不害怕冒犯高级同事的情况下他能够自由地表述出见解。在凯斯 · 索耶论述创造力的著作《折返式路线》中，他谈及乔恩 · 斯特恩，这位斯特恩集团的执行总裁，甚至在他召开的每一次会议都安排某人反对他讲的所有东西。这样做的结果是引发更深层次的辩论和对谈及问题更严肃的思考。

- **分享新的信息**

  分享信息能够让团队更睿智和更富有创造力。在做决定之前被特别要求进行信息收集的团队，更能够有机会讨论之前没被分享到的信息。另外，对会议中的观点和信息要更为明确且确保所有事情都在会议上被提及。

- **管理心理能量水平**

  建立定期的休息制度，改换会议场景且确保每个人都得到精神上的满足和心灵上的浇灌。将最难的和最重要的项目放在会议一开始，因为这时与会者拥有最强的心理能量。相应地，把审批会议记录和回看细节开支等琐事放在最后。

- **拥有清晰目的**

  许多会议浪费时间仅仅是因为这些会议其实可有可无，并没有真正存在的必要。事实上，许多会议都是人们互相见面的一种借口，因为太久没坐下来聊聊了。而我们之所以选择继续待在会议中是因为不想被排除在团队之外。

因此，应开更少的会议，但每一次都需要花时间好好准备。在你的团队中专门构建一定的人际关系网并找到所有成员共聚一堂的方法，这样你就再也不需要编造理由来让大家彼此见面了。

与人相处

人们在团队中大部分的所作所为不是去进行知识上的分享，而是照应到人际关系。

趋同思维及群体偏见的发生是因为我们优先考虑的是如何与人相处而不是如何把事情办好。在人类相互协作这个过程中，人际关系起到核心的作用。这种核心重要性解释了为什么有时我们支持与自己一致的意见而不是相反的意见，也能解释为什么当同事或陌生人迷茫的时候，我们选择去支持他们。

人们大部分的交流都是照应到人际关系。这并不是浪费时间，而是维持大家精神联系所必须做的。开放人与人之间的通信线路，以至于当谈到一些重要信息的时候，彼此能趣味相投。在构建人际关系上投资越多时间，你就越会发现交流与协作变得更加容易。

大多数人际协作问题的产生并不是因为缺乏努力，而是因为这个过程本身就是困难的。把思维简洁地打包成一捆捆的象征符号并在大脑之间传递，这不可避免地会是一个不完美的过程。并且每一个人所思考的东西都是不一样的。但是当协作一旦开始运作时，就能转换成开展商务活动的方式。

因此，请保持信心。协作虽然很复杂，但是最终我们能达成目标。正如电影制片人罗伯特·埃文斯曾经说的那样：

“每一件事情都有三个维度：你那一边、我这一边及事实真相。并且哪一边都没有错。”

习惯 9

在人际关系上
投资**时间**，
并且寻求多样化的**意见**
来避免趋同思维。

全章总结

短评版

与人协作是难以捉摸的，所以请仔细交流，发展良好的人际关系并且学会倾听他人——甚至是当人们与你意见相左的时候。

摘要版

交流是思想从一个人传递到另一个人的过程。当交流良好进行时，人们能够彼此分享知识和技能来完成更多的事情。事实上，良好的协作是让我们尽力完成所有事情的基础。

好的交流依赖于共同观念，所以请检查其他人对你所讲述的话语是否有相同的见解。也当心你的身体语言及说话的语音语调，因为它们能够泄露出你对所讲述事物的感受。电子邮件尤其令人难以捉摸，因此可以通过在信息中表达出你的情绪来补偿其中缺失的非语言线索。

冲突无可避免地成为协作的另一方面。当你面对冲突时，以冲突双方对冲突事物共同的理解开始，然后明确自己的需求同时也支持他人的需求，去找到一个应对冲突双赢的解决方案往往是可能的。

关于团队也有一些具体的事情需要牢记于心。并不是所有团队都是睿智的：许多团队都忽略了关键的信息，并优先考虑与人相处而不是将事情办好。因此，要寻求新的信息及各种异见来避免趋同思维，从而让团队发挥协同增效作用。

10 创造性思维

发明创造与想象力、革新及心灵手巧相关。创造力是一个老生常谈的话题，总能让人想到那些“不切实际”的图像，如会议中出现的豆袋坐垫及头脑风暴模式。

然而，创造力是一件相当严肃的事情。创造力能帮助我们想出解决问题的新主意或者方案。它驱使着人们进步，催生了现今时代所依赖的科技和工具。企业需要招聘创新人才，学校也被要求成为培育创造性人才的沃土，且大多数人都倾向于认为自己拥有创造力。

能成为投资者所在乎的心理领域，创造力确实非同寻常。经济学家克里・斯汀生曾经讲道：“革新是投资行动的目标，且投资堪称让经济能够运行的燃料。”

企业中恰当的革新能赋予顾客权利，让产品变得简单易懂且易于销售。同时，这也能改善人们的生活质量，生成新的收益来源和创造更多的工作机遇。按斯汀生的观点，创造力是企业发展和经济增长的关键。

A Mind For Business

创造力的类型

创造力是心理学上一个宽泛的话题，且许多研究者都把它归纳为两种类型：

- **“大 C” 创造力**

  艺术、音乐和创造性的追求。

- **“小 C” 创造力**

  创造性思维与革新。

创造性思维是关于思维模式识别、发散思维及非线性问题的解决，它能让人提出新的观点及让人预示到一些意料之外的可能性。

仅仅与新颖性相比，创造力的层次更丰富。如果每一个新观念都是创新，那么一个随机数生成器也是有创造力的。然而并不是所有的新观念都是创新的，也并不是所有的创新观念都是新颖的。心理学家 J.C. 弗拉纳根把创造性思维定义为：以“不同寻常的利落、聪明和奇特”的方式做某事。创造性观念的特性即我们期望自己能想到这一点。

创造力也不只是一种智力练习，它具有一定的实用性。事实上哲学家罗伯特·诺齐克把创造力定义为一种新颖性与实用性的结合：“某事物的创新程度决定于它的新颖性或者价值性；并且这些概念都有一定的程度来衡量。”

尽管人们总是辩称“大 C”创造力包含一定程度的天赋，而“小 C”创造性思维一般会被看作是一种过程。但我们仍然可以通过练习掌握创造性思维，也可以支持他人进行更富于创造性地思考，包括通过商务实践。这种创造力能够被习得。

创新思想

当我们面临一个问题时，常常本能地集中于该问题本身且尽力把它“思考透彻”。这个原理尤其适用于工作，我们拥有的时间与资源有限，而创造力却依赖于短期爆发。

然而，创造性思维在不同条件下所起的作用也不同：有意识地“运用创造性思维”实际上却更难找到解决问题的方案。正如研究者乔纳森·斯库勒所提及的那样：“（我们）以为能通过有意识地注意到一个问题而去完成更多的事情。……但是这种想法常常是错误的。”

对于创造性思维的运用，能够找到一种富有成效的方法，那就是返回到丹尼尔·卡内曼普及的“双系统思考”模型。我们喜欢用可控的“系统 2”来解决问题——寻求理智化的论点及系统地分析相关事物。对问题给予更多有意识的注意似乎能让思维更易给出答案。

但问题在于，过强的控制性反而会让思维变得越来越狭窄和线性化，从而无法发现事物之间的相关联系或找到一些预料之外的方案。我们越专注于寻找解决问题的方案，就越容易丢失与问题相关的一些意料之外的联系。

考夫曼和辛格共同指出，创造力并非通过受限的、理智化的系统 2，而是通过直觉性的、情绪性的系统 1 被发掘。这两种系统的关系允许我们把直觉性思维应用到处理理智化问题的过程当中：

“系统 1 的神奇之处在于它能把其创造性的见解传输给系统 2。这个过程总是恰当地发生在系统 2 休息的时候。”

发挥思维

发挥创造性思维的窍门就是让无意识的联想思维自由漫游。让思维漫无目的地闲逛更能激发出创新型的方案。当我们的思维变得更有意识、更自由、更清楚时，就为无意识思维腾出更多空间，来构建相互之间的创新型联系——这属于经典的“灵感”时刻。

相较于大多数有关注意力、记忆力和生产力的研究，创造力研究则指向相反方向。集中精力事实上可能不大利于创造力的发挥。短暂的休息、做白日梦及在创新型任务间“互换”反而有助于创造性思维。有一项实验甚至指出，两品脱啤酒带给人的轻松感能让大脑进行横向思维的概率提高百分之四十。

尽管如此，有意识思维仍然在创新型思考中扮演重要角色：创造力不只是来自于无意识的直觉，也来自于经验型和理智型思考方式的相互影响。或许这就能够解释为什么人们依赖于酒精获取灵感但要靠咖啡提神把工作完成。

考夫曼和辛格对其简单地做了如下总结：

“智力及创造力的关键在于能够根据任务的需要灵活地在不同的思维模式中转换。”

如果真的存在一种练习创造力的技能，那就是在不同的思维模式中流畅转换，无缝地从直觉性思考过渡到分析推断，并且让思维一直处于既有趣又富有生产力的状态。

提高创造力

我们能做很多事情来帮助思维更灵活和富有创造力地工作。特定的环境能让我们更容易进行创造性思考。同时，也能学到各种不同的技巧，摆脱固定的分析模式，从而进入一个更加灵活和富有创造力的状态。

既然创造力依赖于无意识思维，那么保持身心健康就能够影响创造力的发挥。定期为你的思维带上“呼吸器”和“复位器”并且随时充电。这能够帮助你进行更多创新型的联想并随时留意运行成效。

在思维运行的过程中，轻微的分心会产生刺激作用（当分心扰乱到内心宁静时除外）。令人分心的噪声固然是问题，但安静也会带来问题。我们每个人对声音的要求都不一样，但最有益于创造性思维的平均噪声水平大约在七十分贝——相当于咖啡店环境声音的水平。

自然也对创造力有好处：在大自然中，至少漫步二十分钟就能够帮助解决问题。甚至只需要看几张风景图片就能摆脱固定的思维模式和进行更自由的思考。事实上，散步一般说来有助于创造力的发挥。

任何能使你从工作场景中“切换”出来的事物都是有益的。一项研究甚至表明，无意识工作的益处在我们更具挑战力的任务间穿插，以给大脑思维更多的考虑空间。

一般说来，大多数帮助我们保持健康和精力充沛的事物也会助长创造力。我们拥有越多的心理能量，就越能成功地建立那些十分重要的事物间的无意识联系。

你有一个创造的心境吗

一些证据指出，当心情积极时，人们更具有创造力。积极的情绪让人对新思想和可能性更为开放，并且能够发现因为消极而可能会错过的事物。

紧张状态尤其不利于创造性。当人紧张时，思维焦点会变窄并且思想观念变得封闭，这本是一种生存机制——用以确保随时能留意到周遭出现的威胁。但这也意味着可能错失发挥创造力的机遇。创造力也包含有趣，但当你感到畏惧时，就很难去保持有趣从而影响了创造力的发挥。

我们也需要适当的激发来保持创造力。数十年的研究已经显示，比起根深蒂固的信念及有价值的人际关系等更本质、更内在的驱动，诸如金钱及权利等外因在提高创造力方面成效颇微。当缺乏动力去做某件事时，当然可以有意识地强迫自己去做——但却很难让无意识思维也对该事物全身心地投入。

然而，负面的情绪却有益于让思维更关注问题本身，并且坚定我们解决问题的决心。因此，关于“被折磨的艺术家”之类的陈词滥调在某种程度上是成立的。意识到自身的情绪状态、理解它对注意力所造成的影响、制造事物间的联系并发现可能性，可以帮助你在面对挑战和逆境时保持创造力。

问题建构

除了这些环境和情绪上的因素之外，一些认知的窍门也能帮助我们更富有创造力地思考。首先，是检查我们该如何去定义一个问题。

当考虑到任何的新情形时，思维都会立即对其做出假设。这里面一些假设是有用的，能帮助我们集中思维和挑选想法。让某个人“提出一个想法”，他可能不知道从哪里开始；因此，自然而然地为思维创造限制和条件能帮助更好地集中注意力。

然而，这些假设也能让人陷入封闭型思考，甚至毫无察觉地否定那些使问题合理成立的可能性。对无意识构建某个问题给予更多的关注，能帮我们发现原本容易丢弃的创新方案。

例如，尝试下列这道问题。在笔不离开纸面的情况下，用四条直线把下面九个点连接起来：

以下就是解决方案：这个谜题能够通过画“盒子”之外的连线而得到解决。

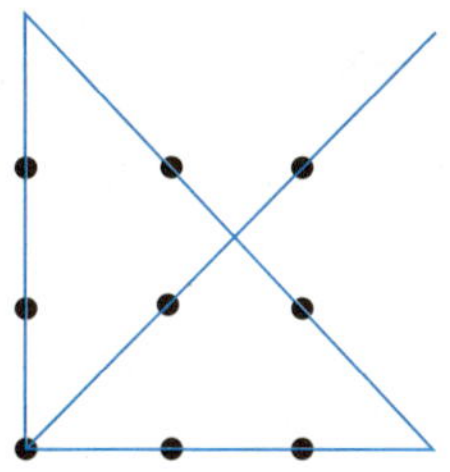

大多数人都理所应该地认为这个谜题必须在盒子内部解决，即使它并没有包含在谜题的条件要求中。事实上这个谜题也被认为是“脱离固有思维”这一说法的来源。

这个老生常谈之词背后的意义就是，固有的思维对思考方式构成了额外的限制，且让问题得不到解决。学会如何更灵活地框定问题能够催生更多有创意的解决方案。

下次当你陷入一个问题时，请尝试用不同的话语来对其描述，且写下你对于它的各种假想。你越用更精确的参数来玩转一个问题，就越能注意到所做出的各种错误性的假设。

这个过程能够促进创造力和发散思维的形成，同时，练习对问题的定义能够训练思维对问题进行更精确的假设——帮你注意到那些真实的可能性。

功能固着

我们会因为事物的一些常规使用方式而分散注意力——这是众所周知的一种偏见，名为“功能固着”。

训练克服功能固着的一种很好方式就是 J.P. 吉尔福德提出的“多种用途”练习。

现在你也能独立完成下面这个练习。给你一分钟，尽可能多地想出一个衣架的用途。

挑战性的假设和预示到物体的基本特征能帮助我们发现新的机遇。一些研究甚至表明，诸如此类的练习能够将大脑产生想法的能力提高百分之六十七。创造力大师爱德华·德博诺也建议道，去玩转一些看似愚笨的及那些“不可调和”的想法来拓宽你的思维。最终的想法需要变得实用，但是用来练习的想法却不需要很实际。

请思考关于衣架的各种假设。它是由铁丝或者其他的什么构成的？它的尺寸有多大？你需要让它保持原状还是把它改成各种形状？你是否假定自己头脑中的衣架就是上图所描述的衣架？

我们对事物越熟悉，就越难发现其中新的可能性。创造力包括丢弃你对这个世界的既有经验，不去重复那些已经学过的东西。你越能预示到所做的各种假设，就越能看到解决问题的可能性。

心理距离

当我们对问题情形产生新的见解时，就能更容易地对问题进行假设及重新定义。

我们之中大多数人都觉得解决他人的问题比解决自己的问题更容易。这种现象是因为人们倾向于对远离自己生活经验的问题更富有创新的见解。

那些让我们与问题产生距离的事物能够帮我们发现解决问题的可能性；那些能想到遥远未来及遥远地方的人更能够解决需要发挥洞察力的问题；告知他人不可能发生的情形也能帮助他们提高创新力。

当进行与任务不相关的思考或者脱离周遭环境的当前需求时，我们也有可能变得更有创造力。这是“心不在焉”的一种形式，能够通过把注意力从正在做的事情中抽离而实现，从而让你当前的思维得到新的拓展。尽管完成大多数任务需要集中注意力，但创造力的实现却需要适当的分心。

远离一个问题最好的方法之一就是去睡觉。一项研究显示，在模式识别的谜题中，参与者被允许带着问题入睡。而最终解决这个谜题的人数比例从入睡前的百分至二十增加到现在的百分之六十。

因此，当你陷入封闭型思维而又需要一个新鲜观点时，带着问题入睡会有很好的效果。

用创造力工作

也许在创造性思维中需要记住的最重要的事情仅仅是不要放弃。

我们习惯于以一种受限制和分析型的方式去解决问题，从而觉得创造性思维的那种无法预示的过程令人感到沮丧——因此，常常当思维刚开始要构成联系时，我们就放弃了。

最具创造力的人会在各种问题上花费更多的时间。在否决一项选择之前，他们愿意长时间忍受没有解决方案所带来的不适。因此，努力享受探索的过程，把你的方案尽可能地延迟到最后时刻，同时试验更多有潜力的方案以给思维更多的思考时间。

你能做很多事情来增加想出新观念的可能性。尝试通过使用下列方法来接近问题和更富创造性地思考：

- 去找到一个感到轻松和令人兴奋的环境
- 让自己保持健康和良好的休息
- 管理好自己的心情和情绪状态
- 保持一个健康的距离或者观点
- 重新定义和书写问题本身
- 写下你对问题的假设并挑战它们
- 玩弄一些愚蠢和不切合实际的想法
- 让思维闲逛并带着问题入睡
- 坚持思考的过程，创造力灵感迟早会来

从创造力到革新

创造力也只是在遇到解决问题、创造新事物和改善生活条件时才有所用处。为了做到这一点，我们需要比仅是思维创新看得更远，并且探索如何对其进行打磨及运用。

与纯粹地进行创造性思维的过程不一样，具有实践性的创造力更需要集体的努力。当我们以团队方式一起工作时，会比单独行动更擅长于解决问题。因此，把思想付诸实践常常包括与他人协作和利用团队的创造力。

事实上，如今大多数人真正面临的复杂性问题需要用到一系列解决问题的技能和观点。正如一项关于创新团队的研究论述的那样，“如今组织机构所面临的问题一般说来已不可能仅依靠个人或一个领域的团队来解决了”。

如果想要发挥团队创造力的话，就需要学会如何分享每一个成员的技能，测试每个人的观念并且一起变得更富有创造力。协作是创造力的重要组成部分。

假设在商务环境下，这就意味着让公司成员进行集体的创造性思考，并且很好地应用结论来创造商务价值。而所有这些的实现都需要团结协作。

头脑风暴

头脑风暴最初是在二十世纪五十年代流行起来的，它是由广告总监亚历克斯·奥斯本提出的在团队中产生思想的一种技巧。他所提出的头脑风暴相关规则很简单：说出走进你思维的每一种想法，越多越好，并且不要苛求它们中的任何一种，然后改善这些想法，最后把它们整合。

头脑风暴是一种发挥团队创造力的技巧，流行程度令人难以置信。而让人没想到的是，使用头脑风暴的团队创造力发挥的效果有时并不比单独工作来得好。它会阻止思想生产列车的前行：人们不得不等很长时间才轮到自己讲话，并且思想的闪光点会转瞬即逝。

然而，其他研究也显示，头脑风暴的效力会因它如何被引导而有所不同。要想成功地进行头脑风暴需要考虑到如下事情：

- **促进作用很重要**

  头脑风暴在一个受过训练的促进者引导下会发挥更好的效果。这位促进者能够确保每个人的想法都被倾听到。

- **活动范围大小是关键**

  等待时间也会随着团队规模增大而有所增加。所以请将进行头脑风暴团队的成员人数缩减为十人以下。

- **批评意见也适用**

  让与会者放心地说出他们真正在思考的东西，包括那些与讨论观点相反的想法。

- **数码工具也能帮助**

  对于大型团队，尝试使用一定技术让与会者能匿名或非同步地分享他们的想法。

创造力团队

下列四种事物尤其能够让一个团队更富有创造力：

第一种是提供恰当的资源。尽管有时候缺乏资源能够激发人的独创性，但大多数情况下它阻碍着人们的思维。缺乏资源会阻碍人们做那些能够发展思维的事情，比如花时间思考问题、创造问题原型和召开讨论会议等。

第二种是动机。单独凭借外因还不足以激发自身创造力：我们能强迫自己去工作，但却很难运用意志力来使潜意识也变得有创造力。因此对于创造力而言，我们需要完成任务的内在驱动力。缺乏资源也能够对动机有所影响，并且也会损害一个团队的创造力。

第三种是多样性。许多多元化的团队倾向于想出与问题相关的更多创新型方案，尤其是那些拥有不同技术和经验的团队。如果团队成员思想开放、善于倾听，那么多样性的观点也是有价值的。因此，多样性必须伴随于一个兼具容忍性和开放性的团队文化。

第四种是心理安全。鼓励对思想安全性的反思和讨论是重要的。这不仅仅意味着对一切都变得积极：讨论事实上更有益于创造力的发挥。它能帮助我们改善和提高思维，并且想出那些具有实际效果的方案。创造力活跃的团队能够更温和地批评成员间彼此的想法，而不用担心会冒犯别人。

以上这些原则也适用于个人的创造力发挥。就犹如个人一样，创造力团队也需要适宜地质疑他们各自的假设，一起重新定义自身问题，并且花时间对其进行思考和反思。

回归做的模式

大多数有关头脑风暴和创造力的研究都集中于所生产思想的数量及多样性上。然而创造力不会止步于构思生成。即便有一个前瞻性的想法，但要想知道该想法能否用于实践还有很长的一段路要走。

这也是“革新”的作用：革新不仅仅是需要想出漂亮的见解，还需要把这些观念成功地运用到企业实践和商务模式中。正如贾米·杨在他的 RSA 论文《如何变得有独创性》上提及的那样，“如果创造力是设想出新观念的一种过程，那么革新就是如何执行这些观念的过程”。

这就意味着，我们迟早会回归做的模式并且把想法变成行动。然而，危险在于一旦一个决定形成或被执行，这个团队常常会变得更没有创造力。事实上原型设计、引导、评估和复述思想都是创造力过程的一部分，并且所有都要求与创造力思想保持相同的原则。当测试并执行思想时，保持创造力是成功革新的重要成分。

革新不是生活中独立的一项系别，而是一种日常习惯，应该被包含在企业文化中。创造力关乎工作方式，任何的企业、任何的团队都能富有创造力地处理相关的工作。

革新研究者理查德·佛罗里达也争辩道，我们需要找到让工作更富创造力的方式，且让创造力适用于经济体的各个方面。毕竟，它是一项人人都可以习得的技能，且你永远不知道好的想法会来自何方。

创造型企业

企业中培养创新文化的关键在于灵活性。伴随着个人的创造力，革新并不只来源于一个过程或者方法，而是来自一种在不同工作模式中进行转换的思维敏捷性。

回归到考夫曼和辛格这里来，创造力是“在不同的思维模式中进行灵活转换的能力”。

最重要的是不要陷入到具体的工作模式中。创造力并不是在全神贯注或者分心的过程中被发现的，它介于二者之间的间歇状态。

创造型企业擅长在不同的模式中进行转换。在集中生产力和趣味探索之间转换得越流畅，企业就会变得越有创造力。传统企业的生产实践是为一切都设定了步骤，每次都让人以同样的方式去做各种事情。而创造型商务能够让人从过程思维转换到趣味思维，去质疑相关假设，并且一直尝试新的方法。

这可能给管理和扩大企业操作方面带来更多的挑战，但这类企业更可能在一个变幻莫测的市场中得以生存。以一个有趣的心态去开展商务活动，甚至在各种压力下，你会发现你得到了一些意料之外的结果。

创造力是我们拥有的最值得骄傲的财富，并且我们需要对其培育。正如马娅·安杰卢曾经说的那样：

“创造力不会用尽，相反你用得越多，就越会拥有更多的创造力。”

在不同的
思维模式中**灵活**转换
以保持
你**积极**的创造力。

全章总结

短评版

创造力在企业中是必需的。通过质疑假设、玩转想法和坚持问题本身，来让你的思维更灵活。

摘要版

企业需要创造力，因为创造力让企业得以发展。新产品和新市场都依赖于员工的创造力，更善于革新的企业在变化的市场中表现更好。

创造力也能被习得——至少可以在解决问题方面加强练习。创造力来自于在分析型思考和趣味探索之间灵活转换思维的过程。这种转换模式进行得越流畅，你就越会富有创造力。

某些东西能加强一个人的创造力：积极的心态、丰厚的福利、任务的内在驱动力及免受紧张忧虑，这些都能使人们变得有创造力。当然，也存在其他的一些技巧，比如丢弃假设和质疑假设。如果还存在疑问的话，就带着你的问题在睡梦中思考。

然而，创造力并不只是一项个人追求：通过早期的试验来把这些想法付诸实践，并且在小团队内通过头脑风暴提出一些想法；批评性的意见对创造力来说也是必需的：对想法进行编辑和筛选是创造力的一个过程；另外，尽可能地将创造力转换到做的模式当中——但记住，要始终保持思想上的灵活。

总结

如何提高员工思维能力

英国坎特伯雷市的前大主教罗云·威廉斯曾经用一个提问开始他的演讲，而这个问题则是任何写作诸如此类书的人都应该考虑到的。

“如果每个人都跟你的想法一致，又会发生什么呢？”

因此，如果你想要提升你的企业或者改善团队人员的表现，又该如何把这本书的观点付诸实践？企业需要如何转变来把这些原则运用到自身的运作中去呢？

好的组织早就在这方面做了很多努力。然而现在有所不同的是，企业面临的是策略性问题，而不再只是知识的传递。如果企业并没有让你在心理上感到舒适，那么你就是在冒险做更糟糕的决定，无效率地工作和丢失自己的创造力。这已不仅仅是关于企业如何运作的问题，而是关乎它们是否运作。

因此，请自我反思：你的组织是否适应于整个企业呢？

A Mind
For Business

对许多领导而言，他们给出的答案都是令人不愉悦的否定。在能源工程对全世界范围内人数超过一万的工人所做的调查中，三分之二的人表示无法同时集中精力于一件事情，大约一半的人感觉做的事情与公司的任务没有任何联系，并且还有一半的人认为他们并不能一直在工作中保持良好状态。

当最终轮到思维发挥用武之地的时候，我们发现还有很多待改善的空间。

了解进展是正确处理事情的第一步。在知识经济的体系中，最重要的问题就是："员工的思维如何能表现得好一点？"如果相关的测量不能告知这个问题的答案，那说明你需要更好的测量方法。

在传统的管理模式中，沿用这种思路带来了许多问题。正如一项研究论述的那样："公司团体在用二十世纪的工作实践与程序来运营二十一世纪的企业。"

多少领导知道他们员工的压力水平？或者这又是如何影响到他们的相关判断呢？又有多少管理者真正理解那些能激励人心的东西？员工各自拥有的资源或者个性又有什么不同？有多少员工愿意管理自己的思想并可持续性地工作下去呢？

时间已经把组织机构转换得更适宜于我们的思维。然而，确切来说这并不算是一种科学。你需要运用判断来分析人们的不同表现方式及你能做什么来对事物进行改善。

然而，你也可以从对极有可能帮助企业成功运转的因素的研究中总结出大量结论。从员工敬业度的培养到合适员工的招聘，现代科学已经提供了太多策略，用以打造一个成功的企业。

敬业度

员工的敬业度是企业表现的关键驱动。敬业的员工会在工作中表现得更好且更不可能擅离职守。拥有高敬业度水平的企业在股票市场指数上更能跑赢大盘，获得更高的股东回报率以及更高的利润率。

现代企业更擅长于让员工变得敬业。公平的奖励、可实现的目标、良好的人际关系、选择权及自主权，以及一个启发性的目的，这些都是企业保障员工敬业的一些手段。只要能够实现这些条件，那么员工努力的水平就会上升，生产力也会随之增加并且员工将更喜爱自己的工作。

然而，员工也可能因此而变得过于敬业。过多地关心同事及工作，会带来更大的压力。那些努力提高员工敬业度的企业会发现自己的员工都面临一个压力的问题。

因此，提倡的不是高度敬业，而是可持续敬业——低压力状态下的高度敬业。有一项研究指出："就像传统界定的那样，敬业并不能让员工如他们所想的那样持续性地提升表现。"

敬业度与心理健康水平之间的相互作用实际上可以用来预测员工未来的表现。

- **高敬业度和高心理健康水平**

  这是最具生产力和拥有最高幸福度的员工表现出来的。

- **高敬业度和低心理健康水平**

  这些员工最后会变得"不再热衷"，最终会辞去工作。

- **低敬业度和高心理健康水平**

  这些员工会待在自己的岗位，但是会更少地致力于工作。

- **低敬业度和低心理健康水平**

  这些员工贡献得最少也是最容易离职的。

成功管理员工的敬业度，需要更加重视工作质量，而不是数量。简言之，需要更睿智地工作，而不只是更努力地工作。

发展心理资源

众所周知，福利对一个企业的发展有益。它总是与更低的压力水平、更好的决定、更丰富的创造力、良好的人际关系及更健康的劳动力相关。福利也与商业表现的其他许多方面相关联，包括员工的满意度、商标的信誉度、员工的生产力、人才的保留及降低因病缺席率，等等。

然而“福利”这个词让企业极其低价地抛售相关的利益。它也可被认为是一种奢侈品，是那种一旦工作完成就会被随意应付的东西。也许这就是为什么很少的员工愿意把福利当作是企业的核心。

与其谈论公司福利，不如谈论如何发展员工的心理资源——这在组织中既是个人又是集体的“脑力”。如果人们感到疲倦、焦虑和担心，他们就很容易做出糟糕的举动。他们会因此而变得意志薄弱，且无法高效地运用大脑思维。因此，提升相关福利就意味着提升生产性和持续性的工作。

框定在这些更宽泛的词语中，大多数企业都下意识地为员工的思想做了许多相关的工作。

促进员工福利与展开新工作一样，也需要关联已存在的倡议。从奖励计划到离开团队的日子，从健康保险到灵活工作，大多数福利政策实际上都是在发展员工的心理资源。以策略性方式来做所有的这些事情，量定相关投资所带来的影响就会变得相当的容易。

平衡心理资源所带来的压力也很重要：如果人们掌控过多的心理资源，他们也很难把工作做好。因为压力来自于缺乏技术与资源，所以学习和发展就变得相当的重要。因此，招聘良好的员工并支持他们去工作就显得尤为重要。

人际关系至关重要，不仅是与同事之间，与领导及管理者之间也是如此。与管理者的良好关系能对你工作的感受产生重大影响。同时，真诚有效的交流也能帮助你更好地分享资源和管理压力。

给人们一个清晰的目标。良好的策略能让每个人都有一个共同的目标，以及让每个人都有一种能为了成功付出贡献的那种感受。反之，任务不清晰或优先权不断在变更的企业会让人感到不确定和不堪重负。

容忍及公正的对待也会产生重大差别。如果人们感到被倾听以及能够以适合自身的方式去工作，他们就会更好地工作。恃强凌弱的方式会让人感到不舒服。因此制定反对恃强凌弱及歧视的政策，建立公平的奖励机制对于让公司劳动人员高水平发挥能力是必不可少的。

然而，另一个启示就是我们每个人都与众不同。因此，更好地促进福利政策并不是一刀切的方案，也不仅仅是告知员工该做什么事情才能办到。成为一个健身会员或者食用很好的食物都能对维持身体的健康发挥作用。但是照看好思维却有点复杂。正如一项研究所述，提升员工的福利就是“帮助员工敞开心扉地去做那些他们内心觉得正确的事情”。

因此，以问员工哪些福利对他们适用开始，并且就此发展相关策略。就改善企业的福利水平这一举措，我们越能对其把控及负责，相关的福利策略就会变得越成功和更具有可持续性。

心理健康至关重要

健康的企业依赖于健康的员工，这是从身心两方面去考量的。不同于生理疾病，心理上的疾病非常普遍。一些研究指出，百分之三十的企业员工一年中会经历某种形式的心理疾病，并且在特定的日子里五分之一的人会经历某种类型的心理问题。

现如今，对心理疾病采取行动是一个既费财力又颇受道德质疑的举动。单单英国，在心理疾病的伤病缺勤方面每年就有大约 84 亿英镑的开支，而给生产力方面带来的进一步损失高达 150 亿英镑。心理不健康的员工经常辞职，因而导致企业人才流失，并在相关的人员招聘上花费近 24 亿英镑的巨资。

单凭福利还不足以促进员工良好的心理健康。事实上，英国的首席医疗官已经争辩道："心理健康所带来的福利就如同为一张更大的图片提供了作为证据的一角，我建议去寻找那张更大的图片。"因此，需要鼓励人们照看好思维，将那些致病的因素最小化，尽早地接受他人帮助同时也帮助他人快速地恢复。正如首席医疗官总结的那样："心理健康犹如'低垂的果实'，我们不应该忽略它，更不能只将注意力集中于它带来的'福利'上面。"

然而，对员工来说，这将是一个难以讨论的话题。管理者可能对这方面的对话毫无准备，员工则更不可能为其自告奋勇。来自英国"改变时间"心理健康活动及修道院群的研究建议道，大约有 50%~60% 的员工在与他们的雇主谈论心理健康问题时都会感到不舒服，谈论积极的话题也会变得困难。英国政府医疗保健计划主管戴姆·卡罗尔·布莱克曾经评论道："员工并不欢迎心理健康问题的干扰。"

也许这就能解释为什么如此多的企业宁愿花费更多时间来保存员工的心理档案文件，也不愿去维护员工的心理健康。

实际上，雇主能做很多事情来支持员工的心理健康。

第一步，停止令员工感到不适的事物。七分之一的缺勤案例都是由工作或工作环境直接导致的心理疾病所致，并且当他们感到不适时，很可能会求助于法律。工作负担、心理资源、自主权、人际关系、恃强凌弱、歧视、工作安全及安全的工作环境，都能影响到员工心理健康。正如目前企业有义务保护员工的人身安全一样，是时候该考虑到他们的心理安全了。

第二步，当员工感到不适时，应迅速提供支援。这可能会包括员工之间的互助、职业保健、人力资源支持、心理健康的急救及接触医疗服务的机会。不要等到员工请病假了才开始重视：他们能更快地得到帮助，对每个人来说都是一件好事。

第三步，对员工和管理者进行相关的思想教育。员工必须能在问题变得严重之前对其进行识别，如果缺乏对基础知识的了解，这是不被允许的。对员工进行思想教育，并在他们需求帮助时，给予他们最清晰和简易的路线。

第四步，促进关于心理健康和疾病的开放性对话。想象一下，你过于害怕承认自己有牙病，那么去保健牙齿就会变得相当困难。因此，要帮助员工安全地提出并讨论相关病情，当然最好能注重私密性。如果问题能被早早地识别，解决问题就会变得相对容易了。

然而，不要只去谈论心理健康方面的问题。任何组织能做到的降低心理疾病发生率的最好方式就是营造一个呵护心理健康的积极的文化氛围。每个人在这方面或多或少都存在问题，然而谈论这些能够帮助人们在需要的时候寻求救助，最起码有利于保持良好的状态。

如果你想要人们去谈论他们思想中存在的问题，首先要做的就是启发他们去谈论自己的思想。

招聘员工

如果你已经有这个意识去开始做了，那么所有的事就都会变得容易。雇佣那些有一定心理资源的人，引导他们进入一定的角色，这样会使他们感到工作的动力，且当遇到问题时更少地感到紧张。雇佣那些对工作不感兴趣或力有未逮的员工，哪怕是给予这世界上所有的奖励和弹性工作系统，都不会使其成为合格的员工。

适当地应用招聘员工心理学并不是什么新鲜事。许多大型企业都会以某种形式去运用心理学，甚至一些小型企业也应用了其中的一些原则。

你当然能够从标准智力测验和大五人格评估中学到一些东西。然而，不要让事情变得太复杂：如果你误用一个不太严谨的方式来挑选员工候选人，就很有可能会在道德和法律上陷入孤立无援。这些测试也极少能反映出被测试者的技能、经验、文化修养、工作动机或创造力，因此你仍然需要找出他们擅长做什么、他们的兴趣所在及他们是如何应对挑战的。

当然，人们很容易依赖于能力框架及心理测试所提供的假想客观性的庇护，但除非能仔细找出你所衡量的事物并找到相关原因，否则这些测试最终只能证实你的偏见。实际上，几乎很少有工作提出的要求会具体到去框定工作者的性格特点。比如，你可能认为你的销售领导会是一个外向的人，但实际上那仅仅是你的个人看法，当见到他真人时你可能会大吃一惊。

你挑选员工的决定常常是靠直觉，然而直觉可能被表象所迷惑。偏见及一些内隐联想会悄悄渗透到雇佣过程的各个环节，从你写出描述工作岗位的方式到你在何处发布招聘广告。花时间去考虑所做的相关假设，在招聘之前，写下你期望这个员工身上所拥有的品质。留意那些熟悉的问题选项，并且不断询问自己在招聘员工时是按自己头脑中对角色的要求操作的还是又套用了原来陈旧的想法。

改善多样性

多样性尤其需要重点考虑。各种形式的多样性擅长帮助企业更睿智地运行，但是我们却常常发现似乎更容易雇佣到那些与我们相像的人，而这一点需要纠正。

性别比例的平衡很重要。当团队处于某个压力水平时，平衡的员工性别比例能够消解一些决断所造成的负面影响，并能使员工对危险有所察觉。诸如谈论“掷骰子”或“冲出危机”等话题的全男性会议室俨然已成为历史。

功能多样性也如文化多样性一样重要：在一个组织里广泛传播知识、技能和经验能帮助组织成员发现革新的地方，以做出更好的决定且避免趋同思维。

努力调和各类人格特点。“文化适应”固然重要，但也会成为企业雇佣同一种类型员工的借口。这样做的结果便是加深集体性偏见，导致做决定时要么太谨慎要么太冒险，并且可能错过影响企业发展的关键性因素。多样性，如果对其合理管控的话，基本都是有利的。

一旦人员被招聘进企业，尽力不要迫使他们成为你想让他们成为的那种人。促进员工良好工作的最好方法就是倾听他们的想法，给予他们自行管理的空间。有时候新员工会发现组织中其他人未能发现的潜在问题，而作为领导的你，则常常不计后果地忽略掉那些新的想法。

多样性既是企业物质上也是道德上的需要，因此，应当把它纳入企业管理策略的核心价值中去。一个多样性和容忍度较高的工作环境能孕育更好的想法，产生更富创新力的工作模式。同时，它还能避免工作中很有可能发生的整体性的思维灾难。

开发天赋

学习和发展能帮助我们从组织的思维中得到更多价值。人们如果有一定的能力和知识经验去做相应的工作，就能更好地胜任并感觉良好；反之，如果缺乏相关的能力和经验，就会感到紧张并且意志低沉。

知识经验对工作有巨大的影响，它促成人们做出决定，建立相应的理解机制并帮助人们良好地沟通。关于学习的一些策略性方法需要员工同时发展知识和技能。技能可以通过重复练习被习得，而知识的植入则需要有意识地反思。因此，创造练习技能的机会，同时，也让员工有机会分享他们所掌握的知识，并且共同对其探讨、理解。

习惯和思维假设也可以从同伴那里习得。我们从周围人的身上学习如何去做某事的道理，并且很快这些道理会在内心根深蒂固。因此，好的学习策略不仅仅是着眼于自身已掌握的知识技能，还必须看到同伴们在工作中学到了些什么，并且确保这些习惯能让所在的组织更睿智和更具创造性。

对思维如何运行的原理进行相关培训也很重要。如果决策者能了解员工工作时的思维活动，并知道如何来使自己的员工团队发展壮大，那么成功运行一个企业就会变得更容易。

如果组织中的每一位领导和中层管理者都拥有属于自己的核心财富——他们员工的思想，就会发现让员工发挥出最佳能力其实并不太难。反之，如果没有相关知识，他们会发现自己仍然是在黑暗中摸索。

有意识的管理

想要提升一个组织的精神表现，方方面面都取决于管理者。因此，管理者需要获得更多的支持来把理论性原理付诸实践。同时也需要在相关问题的理解上比组织中其他任何人都更加透彻。

好消息是，管理者能通过做许多事情来帮助员工发挥出工作潜力。

- **支持员工花时间去思考**

  这意味着员工有更多自由来管理自己的日常作息，带上“呼吸器”和“复位器”来保持健康，提高专注度并展现良好的精神面貌。

- **保留心理资源**

  识别出心理能量的耗损所在，并且努力摆脱。一天中趁早做出重大的决定，排除那些不必要的让人分心的事情。同时，帮助员工学会更高效地考虑做决定的先后次序。

- **设定实际的目标**

  当管理者分配任务时，应将员工的技能和心理资源绘制成图，并用最包容的理念——蕴含于各种商业理念、团队会议及计划中，去管理他们。

- **促进员工去选择和自主管理**

  对员工的微观管理可能让你感觉更好，但这仅仅是把压力转移给了团队中的其他人。

- **打造以实力为基础的文化氛围**

  按团队整体实力去运作，安排那些符合员工能力和性格特点的任务，来减少认知疲倦。将技能、风格不同的团队结合到一起，并且多听听他人的意见，这能让团队运行更加高效。

- **集中于人际关系**

  管理者与员工之间及员工互相之间的良好人际关系都能改善动机、降低压力，帮助他们交流和提升自主管理能力。所以，应为员工腾出时间并且公平地对待他们。

最后记住，以你自身的行为为员工设立一个好的榜样。团队成员会从他们的管理者身上习得一些情绪和习惯。因此，你应当通过提升自己的表现来改善你的团队，并让自己成为影响团队工作的一个积极因素。

留给领导的挑战

假设你是某个组织的领导，你不仅需要对自己的思想负责，也需要管理好组织中其他人的思想——然而你常常因为忽略了这一点而自食后果。

作为领导，你要能做如下的事情去营造一个健康积极的工作环境：

- 提供一个支持性的工作环境，让员工分心最少和远离恃强凌弱
- 给员工足够的自由空间来进行思考和工作，且记住每个人都是与众不同的
- 管理你的心情并恰当地表达出你的情绪，来设定一个积极的情绪基调
- 开放性地讨论你怎样维持自己的思维态度，并且让其他人也更容易地参与其中
- 倾听反对性的意见并给那些与你想法和感受不一样的人留有空间
- 按企业的整体实力设定一个清晰的策略，并向他人展示它们是如何成功的
- 讲出你对企业所奉献的热情，让企业中的其他人也能发觉自己的价值

领导者可以为整个组织设定基调，因此你能够通过自身的行为决定团队文化的建设。这些思想适用于每一个人。

良好地管理大脑思维，对自己的情绪及情绪给他人造成的影响负责，并且建造和维持自身心理资源，这样，你就更容易让他人与自己行为一致。

商业头脑

查尔斯·杜希格在他的著作《习惯的力量》中提出了“基石习惯”的思想，即“一种一旦被拥护就会改变一切的习惯”。

管理思维就是那样的一种习惯。

如果你为思维留出时间，每天保持自己的心理资源并且把这个习惯渗透到工作中的方方面面中去，你就会系统地影响到整个企业——提升员工的积极性、启发团队的革新力、提高决策力及推动企业生产力的发展。

这样做的好处即使在任何一个层次都能感受到：投资者从他们的投资中拿到更高的回报，首席执行官更可靠稳健地管理风险和收益，管理者运行着更加积极且充满创造力的团队，员工则享受更多来自健康和工作上的满足，并且顾客得到了更好的服务。照看好每一位员工的思维，正如一句谚语所说的那样，积少自能成多，后期的回报是显而易见的。

然而，所有这些的实现都会由你开始。如果不先把这些原则运用于自身，就很难能把它们运用到组织中去。如果你无法管理思维，那么就会被思维所牵制，并且无论你是否有意，这都会对你的同事造成一定的影响。

保持你的健康，管理你的情绪，模拟你想看见的某些行为并考虑自己对周围人所造成的影响。正如人们在飞机上总说的那样，在帮助别人去适应氧气面罩之前总得先适应自己的。

改变起始于我们每个人想法都不一致的时候。如果你想改变这个世界，那么就先改变自己的想法。

那么你到底是怎么想的呢？你有商业头脑吗？

改变思维，回访资源

如果想把自己的思维置于组织核心，我们就需要在许多事情上做出改变：包括怎样挑选及发展一个员工、做各种决定，以及设定方针路线和奖励成功。

一些组织甚至需要通过转换思维模式来考虑这些新决定，比如管理实务上的变化、新的企业态度、促进和测量表现新方式的发展。领导需要设定榜样；管理者则需要把想法付诸实践。

员工也需要发挥他们各自的作用。就个人而言，我们需要进一步提高思维能力，明确思维发展需要什么，注意到自己何时工作状态良好或何时状态不佳，并且尽最大努力对自己及周围人发挥积极的影响。这也正是每个人工作的乐趣所在：没有人会想在工作中表现出想象力贫乏、消极、战战兢兢或者痛苦不堪。

董事会成员及投资者同样有责任把这些问题提上日程，并且拥有对其做出解释说明的相应的执行权。一个企业的精神状态可以成为最高水平辩论的核心话题。并且，应定期——而不是偶尔一次地——回访相应的数据、评估风险同时监控企业劳动力的精神表现。如果董事会不了解企业员工的精神状态，就不会知道企业中究竟发生了什么，并且很晚才能意识到自己所做出的那些比较糟糕的决定。

投资者同样也可以在这里学到很多东西。那些愿意为员工思维培训做投资的企业能吸引更多的人才且更好地管理风险，从员工那里获得的更多价值让他们战胜自己的竞争对手。许多投资者都谈到拥有一个强有力团队的重要性，因而，评估员工的精神条件自然也成了这方面概念的外延。那些最大限度利用员工心理资源的企业能给投资者创造更多的价值。一个能让员工感到心理舒适的企业常常也是一个具有投资价值的企业。

我们以一种道德上的使命感来做这件事，而不只是把它当作生意场上的一项工作：我们每个人花费了人生中近三分之一的时间来工作，如果工作对思维产生危害的话，我们迟早都会为之付出代价，无论是从个人方面，还是集体方面。

这是一个循序渐进的过程而不是一蹴而就的变革：最近数十年出现了许多积极性的措施，用以构建更健康、更安全、更成功的工作环境。当我们对这本书的一些原则进行思考时，发现它们都是显而易见的。然而，正如英国小说家乔治·奥威尔所说，“有时候重述那些显而易见的事实是智者的首要责任”。我们也知道这些原则有效果，但是在最后期限的压力之下，却常常忘记这些原则。这时，需要一些事实来提醒我们哪些东西是关键的。

当然，这些事实也会持续得到改善。尤其是神经科学，目前仍只是触碰到人类思维学习研究的表面。新的思维研究模式也层出不穷，从英国丹尼斯·史蒂文森的MQ项目到美国前总统巴拉克·奥巴马提议的一流的“脑科学计划”。

然而，就改变工作方式而言，这里，就能预示到未来。我们不需要更具理论性的研究：是时候该把所知道的都付诸实践了，并且开始分享那些行得通的经验。

开始转变企业管理方式的时机就在当下。

附录

商业头脑的 10 大思维习惯

1 照顾你的健康，找到针对你思维的“每日五蔬果”。

2 留意哪些事情可以提升你的能量并缓解紧张，把它们培养成日常习惯。

3 把工作跟技能、价值观联系起来，以激励自己和他人。

4 经营你的资源和支持性社交关系，把压力转换为挑战。

5 在你的人格能承受的范围内工作，以保持舒适，并且保存你的精神能量。

6 小块化地学习事物并设计你的日常来进行思维训练。

7 保存你的心理资源和避免一心多，以此做出更好的决定。

8 注意你周围人的情绪，并掌控你的情绪影响。

9 在人际关系上投资时间，并且寻求多样化的意见来避免趋同思维。

10 在不同的思维模式中灵活转换以保持你积极的创造力。